JN064803

人材獲得競争時代の

戦わない採用

「リファラル採用」のすべて

Talent knows Talent.

鈴木貴史
TalentX CEO

日本能率協会マネジメントセンター

はじめに

「自社がほしい人材を獲得できない」
「求職者が何を考えているのかわからない」
「これまで続けてきた採用だけでは限界を感じる」

近年、多くの企業からこんな嘆きの言葉を耳にすることが増えました。かたや求職者の声に耳を傾けると、「こんなはずではなかった」「入社前のイメージとまったく違っていた」といった呟きが聞こえてきます。

なぜ、このような現象が起きているのでしょう。

日本の採用活動は変化の時を迎えている――。私は、そう感じています。

その変化の鍵を握るのが、「戦わない採用」ではないかと私は思っています。

改めて本書を手に取っていただきまして、ありがとうございます。

株式会社ＴａｌｅｎｔＸの鈴木貴史と申します。

本論に入る前に、少しだけ自己紹介をさせてください。私は新卒で株式会社インテリジェンス（現パーソル）という会社に入社をし、法人営業としてクライアントのキャリア採用の支援をしていました。

そのなかでよく耳にしていたのが、冒頭でも紹介したような「最近の求職者の考えていることがわからない」や「既存の採用手法だけではもう優秀な人材の獲得ができない」というお声でした。

背景には、求職者の転職（就職）に対する意思決定の軸が変わってきていることが挙げられます。現在の多くの求職者は、企業のリアルな情報を重視する就業感を持っています。

日本の労働人口は今後ますます不足していくなかで、このままいくと転職人口も緩やかに減少します。

すでに私たちは人材獲得競争時代に足を踏み込んでいます。企業は従来のように求人広告を出して待っているだけでは応募が来ず、戦略的に優秀層を獲得しにいくことが求められるようになったのです。

こうした採用構造の課題を解決する新たな手法として、競合と同じような手法で転職市場に募集をかけるのではなく、企業自らが転職の潜在層にアプローチをする「戦わない採用」が必要になるだろうと考え、人と人とのつながりを活かして人材を獲得するリファラル採用の可能性を感じるようになったのです。

とはいえ、２０１０年代前半の日本においては、まだ「リファラル採用」という言葉すら登場していませんでした。いわゆる「社員紹介採用」を導入している企業もわずか10％程度という状況だったのです。一方で、海外ではリファラル採用が当たり前の概念として定着しており、米国では企業の80％はリファラル採用を実施しているという調査データも目の当たりにしました。

これからは、日本でも同様の時代が到来する。それを見据えて、リファラル採用を日本にローカライズする必要があるのではないかと考えるようになりました。

こうした思いから、２０１５年に日本で先駆けてリファラル採用の概念を提唱し、ＭｙＲｅｆｅｒ（現ＴａｌｅｎｔＸ）を創業して企業のリファラル採用導入を支援する取り組みを行ってきました。人材紹介会社のような第三者が入るのではなく、会社と候補者をダイレクトにつないで情報を流通させていく手法がリファラル採用です。これにより、競合と戦わず、自社で働く社員の紹介によってリアルな情報を流通させて、採用活動をしていくことができます。

自社の魅力を求人広告で表現してもなかなか伝わらないということは、先ほどお伝えしたとおりです。もしそれが、自社で働く社員の声だったらどうでしょう？「こういった魅力がある」ということが、リアルなストーリーとして、より解像度高く伝わっていくはずです。

つまり、社員をメディアと捉えて採用に活かしていくのがリファラル採用なのです。

一方で、成功の方程式はまだ世に広まっていません。

本書では、人材獲得競争時代の新たな採用手法としてのリファラル採用について、これまで7年間で８００社のサポートやコンサルティングの実績を元に、どんな会社でも実践できるメソッドを体系的にご紹介していきます。

ぜひ、人材獲得競争時代に備えた１つのＨＲ戦略として本書をご活用いただき、リファラル採用を実践してみてください。

採用担当者のみが既存の募集手法で常に採用活動に追われ、「競合と戦わせられる採用」を続けるのか、採用活動の土俵自体を見直し、社員を巻き込み、知恵を使い、「競合と戦わない採用」を実現できるのかは、企業の変革意欲次第です。

株式会社ＴａｌｅｎｔＸは、「人と組織のポテンシャルを解放する社会の創造」を使命に、日本の採用市場に変革（Ｘ）を実現するために日々精進しています。

本書をきっかけに1社でも多くの企業のポテンシャルを解放し、採用活動を競合優位性につなげることができれば、こんなに嬉しいことはありません。

２０２３年2月28日

株式会社ＴａｌｅｎｔＸ　代表取締役ＣＥＯ　鈴木貴史

読む前に

『戦わない採用』の読み方

本全体の読み方

『戦わない採用』は、はじめに「戦わない採用が求められる背景」を説明しています。その後の本編では、「リファラル採用のメリット・デメリット」、リファラル採用を実践するうえでの「準備編」、「実践編」、「成功事例」、「応用編」をフレームワークとともに紹介しています。最後は付録として、近年求められる「採用マーケターの説明」に加え、リファラル採用を推進していくうえでの「法的な留意事項」なども巻末にまとめています。

順番に読んでいくことで、採用マーケティングの考え方が体系的に理解できる構成になっていますが、部分的に学びたい方向けに、気になる章だけでも読めるようになっています。

各章の読み方

リファラル採用を今後社内で推進していくうえでの「基本的な考え方」を学びたい方は第3章の準備編を、すでにリファラル採用を推進しているものの、課題が多くあるため、「体系的にフレームワークに沿って学びたい」方は第4章の実践編をお読みください。

また、リファラル採用が上手く機能しているものの、「より応用的な施策を学びたい」という方は第6章をお読みいただき、「法的留意事項などを知りたい」方は巻末をご参照ください。

本全体の構成

序章	**第1章** 戦わない採用が求められる背景		
本編	**第2章** リファラル採用とは	**第3章** リファラル採用準備編	**第4章** リファラル採用実践編
	第5章 リファラル採用成功事例	**第6章** リファラル採用応用編	
付録	**最終章** 採用マーケターとは	**巻末** リファラル採用の法的留意事項	

人材獲得競争時代の　戦わない採用「リファラル採用」のすべて

目次

はじめに　2

●読む前に　『戦わない採用』の読み方　7

本全体の読み方　8

各章の読み方　8

第1章　戦わない採用　21

●日本のHRが抱える課題　23

●近年の採用トレンド　26

人的資本経営時代のタレント獲得　26

●欧米では主流の Recruiting is Marketing という考え方 29
●近年の求職者の傾向 31
2万倍の情報洪水時代 31
「アットホームな職場です」はもう古い 32
●これからの時代に求められる〝採用のカタチ〟 34
社員がメディアになり、ストーリーを伝える 34
Airbnbはなぜ GAFAに勝てたのか 36
第2章 新時代の当たり前──リファラル採用とは何か── 39
●リファラル採用の歴史 40
リファラル採用とは 40
「動かす」ではなく、「動きたくなる」リファラル採用3.0 44

●なぜ「つながり」で採用がアップデートされるのか？
リファラル採用のメリット 47
リファラル採用が組織にもたらす効果 47
リファラル採用のデメリット 50
リモートワーク時代のつながりの必要性 52
53

●どんな会社でも成功するのか？
従業員数1万名超えの製造業がつながりからAI人材を採用 59
中小SIerがコンサルファームに勝つ 60
誰もが知るファストフードチェーンが離職率1/4に 61
飲食店がリファラル採用で売上増加 62
63

戦わない採用TIPS① リファラル採用に〝心配の声〟 63

第3章　リファラル採用3.0の導入――準備編―― 67

●リファラル採用3.0における人事の役割 68
採用人事ではなく、ファンづくりのディレクター 68
よい会社を作る手段としてのリファラル採用 69

●始める前に『ゴ』『ル』『フ』の準備 71

●リファラル採用の中長期的な『ゴ』ール設計 72
中長期の定量ゴールを設定する 72
定性的な状態目標を設定する 73
社内を説得するうえでのストーリー設計 76

戦わない採用ＴＩＰＳ②　リファラル採用の健康状態を測るＫＰＩ 79

●安心して紹介できる『ル』ール設計 81
おすすめしたくなるリファラル制度設計 81
リファラル採用におけるインセンティブの実態 85
金銭ではなく野球チケットを提供したSalesforce 88
「うちにおいで」のハードルを下げるリファラル会食制度 90
●心理的負荷を下げる『フ』ロー設計 91
スモールスタートで実績を出す 91
心理的負荷を下げる紹介フロー設計 92
「誰でもいいから紹介してほしい」は「誰も紹介してくれない」 94
戦わない採用TIPS③ 3Cから考えるペルソナ設計 96

第4章 社員がおすすめしたくなるフレームワーク――実践編

社員がおすすめしたくなるフレームワーク――実践編 ―― 99

●リファラル採用にマーケティングの視点を 100
リファラル採用の推進は〝従業員体験〟がカギ 101
エンプロイ・ジャーニーという考え方 103
リファラル採用3.0を実践するフレームワーク 108

●STEP①認知 110
人間は1週間で77％の物事を忘れる 110
情報の角度を変えながら、飽きられない認知活動を 111
リファラル採用で入社した人を目撃すると紹介が加速する 113

●STEP②共感 114
インセンティブではなくストーリー 114
透明性の高い情報 117

「そんなことはいいから数字をつくりなさい」といわさない 119
●STEP③行動 122
散らばった情報では行動につながらない 122
声掛けのハードルを下げる工夫 124
●STEP④ファン化 127
また参加したくなる体験価値を 127
従業員、友人がファンになるアフターフォロー 129
【まとめ】リファラル採用を成功させる5つのポイント 130
●新卒リファラル制度の導入と運用 131

第5章 リファラル採用の成功事例8選 141

(1)富士通株式会社 143
(2)博報堂DYグループ 149
(3)株式会社モスストアカンパニー 155
(4)株式会社USEN-NEXT HOLDINGS 162
(5)株式会社岐阜タンメンBBC 168
(6)株式会社日比谷花壇 174
(7)住友ファーマ株式会社 180
(8)トヨタ自動車株式会社 187

第6章 更に促進したい方へ――応用編 193

●リファラル採用比率を30%以上にしたいあなたへ 194
リファラル採用を更に加速させる主要KPI 194

6割は紹介したくても動かないパッシブ層 196
●「協力社員」の実態を掴むリファラルサーベイ 198
●「一人当たり声掛け数」を増やすEVPブック 203
社内外に一貫性のあるメッセージを届けるEVP 205
戦わない採用TIPS④ ネガティブな情報も友人に伝えていく? 213
●「応募獲得率」を増やすタレントプール 215
●会社とつながる全員をファンにする必要性 220
●リクルーターを拡張する「アルムナイ×リファラル」 223
リハイヤー（出戻り）のためマッチング率が高い 224
退職者のつながりを活用するアルムナイリファラル 226

ビジネスネットワークの拡大 228

最終章 採用マーケターのあなたへ 231

●採用マーケターという新職種 232
Amazonの採用マーケター 235
リクルーターより15％市場価値が高い採用マーケター 237

おわりに 戦わない採用の先にあるものは 241

●戦わない採用の先にあるものは 242
人と組織のポテンシャルを解放する社会へ 243
最後に『戦わない採用』のサポーターの皆さまへ 246

○巻末付録 リファラル採用の法的な留意事項 254

第1章

戦わない採用

Talent knows talent.

現在、日本はタレント獲得時代に突入しました。そこで必要になるのは、人事の担当者が単独で頑張り続ける構造ではなく、全社員を巻き込んで採用を行っていくことです。採用は、企業活動を行ううえで永続的に発生する業務であり、これからの時代、採用力こそが企業の生産性に直結します。

つまり、採用が強化できれば、企業の競争力につながるのです。

さらに、マクロの視点で見ると、採用活動のアップデートを進めることは、日本社会の雇用の最適配置や流動化に貢献することにもつながります。

では、これからの時代に求められる〝採用のカタチ〟とはどのようなものなのか？

新たな時代に向けた採用のアップデートの鍵となるのが、「戦わない採用」という考え方です。

本章では、日本のＨＲが抱える課題から、近年の採用トレンド、求職者トレンドを深堀り、新時代に求められる採用の在り方を紐解いていきます。

日本のHRが抱える課題

本書を手に取った方のなかには、「そもそも採用をアップデートする必要があるのか」という疑問を抱いている方もいらっしゃるかもしれません。

その疑問にお答えするには、まず日本が抱える大きな課題を説明する必要があります。

やや耳が痛い話になるかもしれませんが、日本のビジネスの現状を整理していきましょう。

かつて日本は、世界で第2位のＧＤＰを誇る経済大国でした。メイドインジャパンが世界を席巻し、製造業を基軸とした経済は成長の一途を辿っていました。

しかし、現在はどうでしょう。２０２１年に出された調査データによると、ＧＤＰは世界で24位となっています。

世界の時価総額ランキングを見ても日本の企業は影を潜めており、生産性においては先進各国のなかで最下位に位置しています。

経済大国からの凋落の背景には、製造業を主体としてきたことにより産業構造の改革が遅れたことなど、いくつかの要因があります。そのなかでも、人と組織のポテンシャルが解放されてこなかったという課題が非常に大きいと私は考えます。

日本では、長らく組織構造として終身雇用・メンバーシップ型雇用がベースとなってきました。新卒一括採用で労働力を確保し、安心安全の育成システムに乗せ、均質化された社員を育ててきたのです。同質化された人材がたくさんできあがることで、結果的に、高度経済成長期においては大量生産を実現し、軒並み事業が伸びていきました。

この昭和の時代においては、新卒一括で労働力を確保していくことが、最も効率のよいシステムであったのです。

なお、このような新卒一括中心の採用状況のなかでは、キャリア採用は専門性のあるポストでの欠員補充が中心でした。

安心安全の強固な雇用システムがあるゆえに、各々の社員がキャリアを考える必要性はほとんどありませんでした。そのため、就職活動も一元的なものでした。大学に入った段階でリクルートスーツに身をまとい、全員が「よーいどん」で就職活動をスタートすることが決定付けられていたのです。そのため、キャリアにまつわる教育を受ける機会もなく、キャリア自律を考えずに働くことができました。

高度経済成長期から大きく時代が変わった現在、採用は大きなシフトチェンジを求められています。社会変化とミスマッチを起こしている旧来の採用状況は、さまざまな綻びを生んでいるからです。

例えば、日本の従業員のエンゲージメントは先進各国最下位の6％にとどまっています。「安心安全を求めて入社する」という雇用システムのもとでは、「この会社で働きたい」というエンゲージメントが総じて低くなりがちだと考えられるのです。つまり、組織構造や採用構造が硬直化していることで、社員のエンゲージメントが低い水準となり、それらがこの国の生産性を下げる一因となっているという仮説を立てることができるのです。

特に近年では、日本においても「人的資本経営」への関心が高まっています。これは、経営戦略に沿った優秀なタレント人材を中長期で獲得していく必要性を示唆する考え方です。従来どおりの欠員補充的な採用活動ではなく、ヒトを資本として捉え、経営の舵をとることが求められるようになったのです。

近年の採用トレンド

人的資本経営時代のタレント獲得

すでにご存じの方も多いとは思いますが、ここでは改めて「人的資本経営とは何か」について触れたいと思います。

人的資本経営とは、「人材を資本として考えてその価値を最大限に引き出すことで、中長期的な企業価値の向上につなげていく経営のあり方」のことです。長らく日本においては、人材は資本ではなく資源、つまり「投資」ではなく「消費」の対象として捉えられてきました。

終身雇用、年功序列、新卒一括採用を人材システムとして採用してきたため、諸外国と比較して労働者の生涯平均転職回数が少なく、転職潜在層が多いという状況を生んでいます。具体的にいうと、米国の生涯平均転職回数が10回に対して、日本の生涯平均転職回数は2回程度と考えると想像しやすいかもしれません。

日本社会全体で捉えると、２０２１年における日本の労働人口６９０７万人に対して転職者はわずか288万人であり、95％以上が転職潜在層だという計算になります。

また、少子高齢化の影響で労働人口は今後ますます減少し、2023年までに営業職・事務職・エンジニア職などの職種を問わずに、ほぼすべての職種で労働人口が不足することを余儀なくされています。その反面、求人数は増加の一途を辿っており、近年は産業構造の転換に伴うDX化の推進などを背景に、企業の経験者採用ニーズはますます高まっています。


こういった背景もあり、「人材を資産として捉え、『募集をする』のではなく、『獲得する』意識を持つことこそが採用競争力につながり、その先の企業競争力につながる」という「タレント・アクイジション」への変革が行われてきているのです。

従来の募集活動とは異なり、見込み顧客に対して認知・検討・興味付けをするマーケティングに近い発想ですが、こういった手法は、いずれも採用においては転職潜在層にアプローチする手法としては有効であり、労働人口減少大国である日本においては、今後主流になる考え方です。

日本の労働人口に対する転職者層

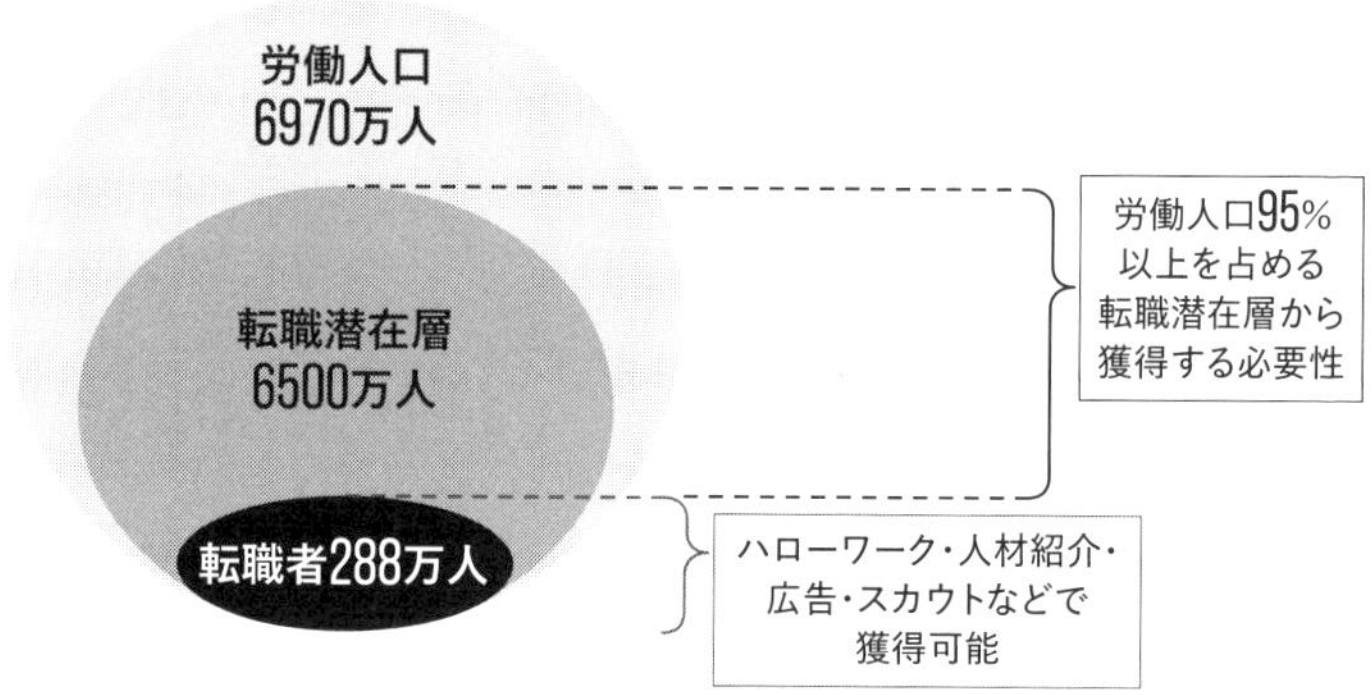

タレント・アクイジションによる採用構造

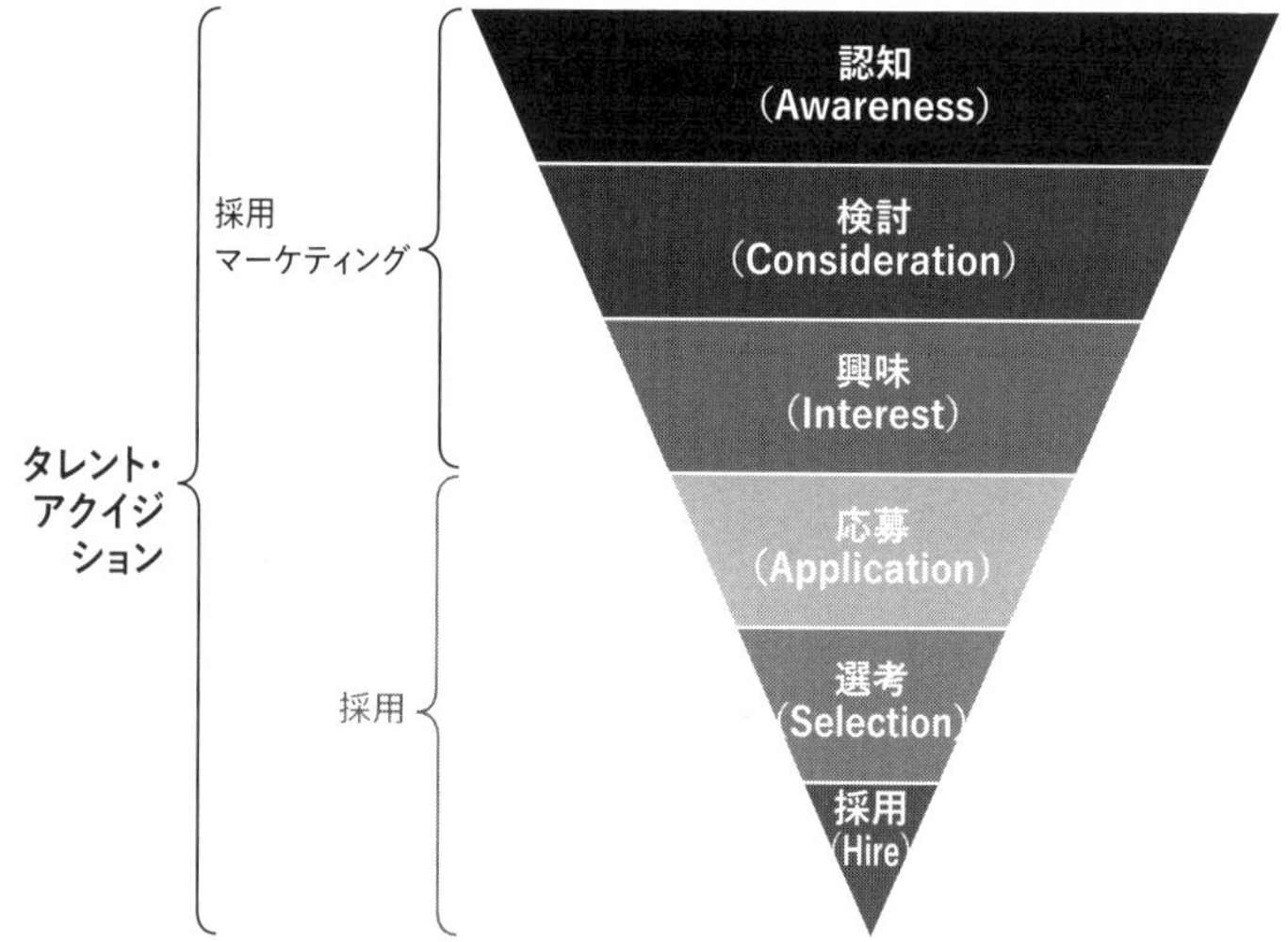

欧米では主流のRecruiting is Marketingという考え方

米国での「タレント・アクイジション」の注目度

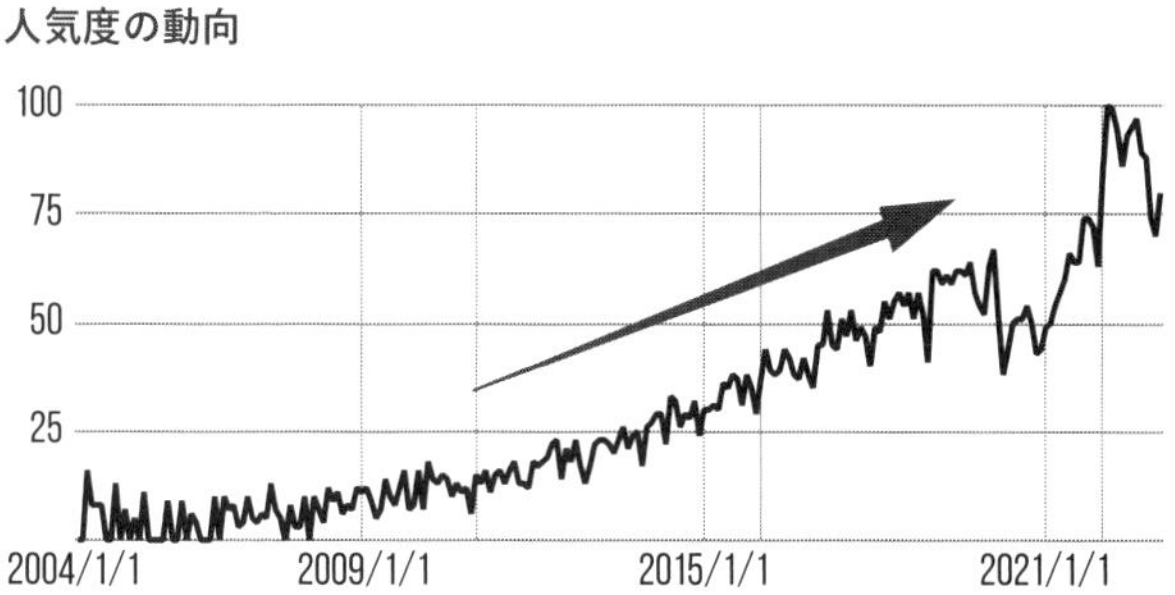

出典：Googleトレンド調べ「talent acquisition」米国内、2004〜2023年2月

今や、世界の時価総額ランキングに日本企業が入ることがなくなって久しいですが、海外においては採用競争力こそが企業価値向上につながるといわれており、10年以上前からタレント獲得合戦が激化しています。

その注目度は年々高まっており、Ｇｏｏｇｌｅトレンドを見ると「タレント・アクイジション」の検索数が右肩上がりで伸びてきていることがわかります。

実際に海外では、２０１３年から"Recruiting is Marketing"（採用はマーケティングである）という捉え方が一般化しています。

そのため、ＳＮＳを介したソーシャル・リクルーティングや社員の紹介を通じたリファラル採用、自社の採用サイトからのオウンドメディアのリクルーティングのように、転職の潜在

戦わない採用のイメージ

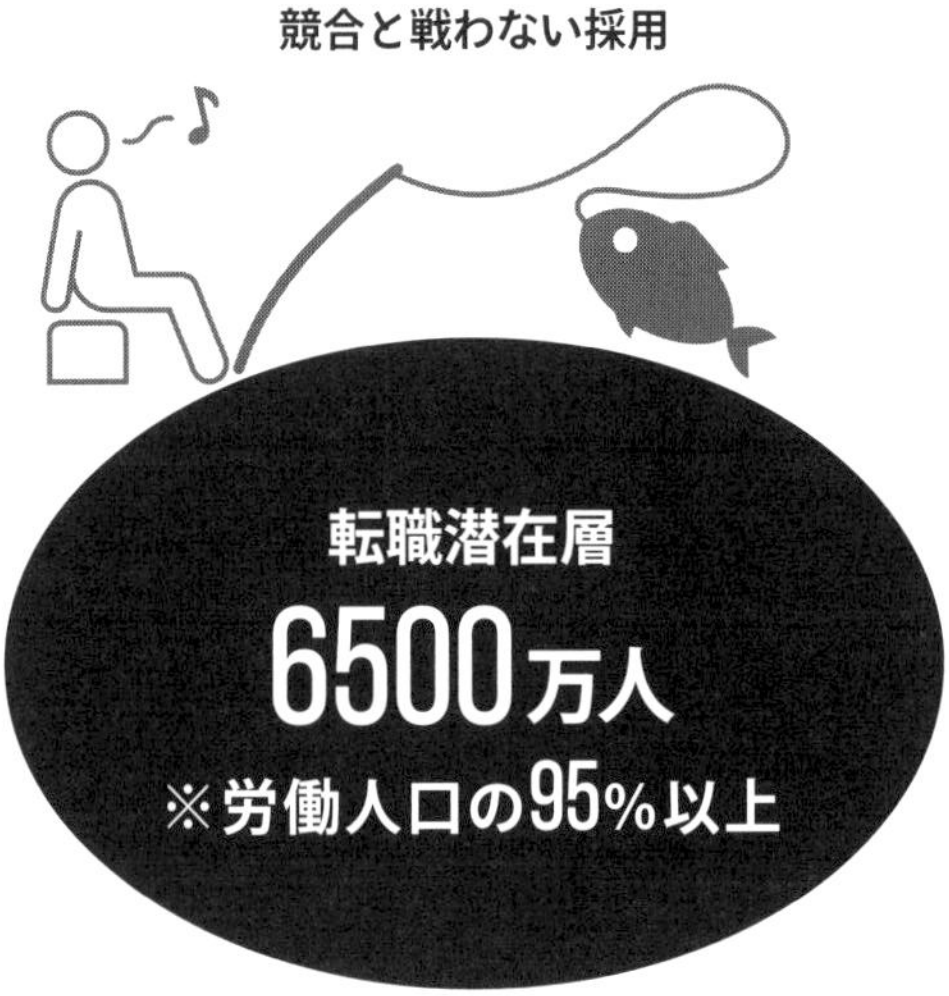

層にアプローチするチャネルがどんどん広がり、企業の投資優先順位の上位に位置されるようになったのです。

現在、日本は約10年遅れてやっと採用マーケティングのスタートラインに立ちました。

「最近採用活動がより一層難しくなってきた……」

そう感じる背景には、そもそもの日本の労働市場、採用市場の構造が影響しており、これらの状況を打開するためには、競合と「戦わない採用」、つまり転職潜在層へマーケティングをして人材を獲得する手法が必要なのです。

近年の求職者の傾向

2万倍の情報洪水時代

雇用にまつわる変化をお伝えしましたが、近年、求職者側の傾向も大きく変容しています。

具体的な求職者トレンドの話に踏み込む前に、まずは世代間の違いについて言及したいと思います。

10年前と比較して、私たちが受け取る情報量はどれくらい増加したかご存じでしょうか？

5倍？　10倍？　いや、100倍でしょうか？

実は、なんと2万倍に増えているのです。


現在の20～30代はミレニアル世代やZ世代と呼ばれていますが、彼らは生まれた瞬間からこの2万倍の情報のシャワーを浴び続けています。そのため情報に対する感度は、40代や50代のそれとはまったく異なるものとなっています。

「アットホームな職場です」はもう古い

求職者がZ世代の場合を考えてみましょう。

例えば、Z世代の彼らが求人広告を見て、情報をそのまま信じて、応募をするようなことを繰り返すでしょうか。条件のよさや「アットホームな職場です」といった均質的なメッセージが果たして届くのか、疑問を抱かずにはいられません。日々多くの情報に触れている彼らは、見ず知らずの者からの情報に対しては、「無駄な情報を取り込みたくない」と関心を示さないか、「本当に正しいのか？」と疑ってかかる傾向にあるからです。

率直にいうと、Z世代の彼らがこうした情報から企業を信頼することはまずありません。

Z世代は、飲食店選びにおいてもグルメサイトを見て予約を取るのではなく、周囲の友人・知人が勧めているかどうかを重視します。例えば、自分のつながりのある人のインスタグラムを見て、お店を選んでいくのです。

つまり、採用活動においても「よりリアルな声」「よりリアルな情報」が求められているといえます。

情報収集のトレンド変化

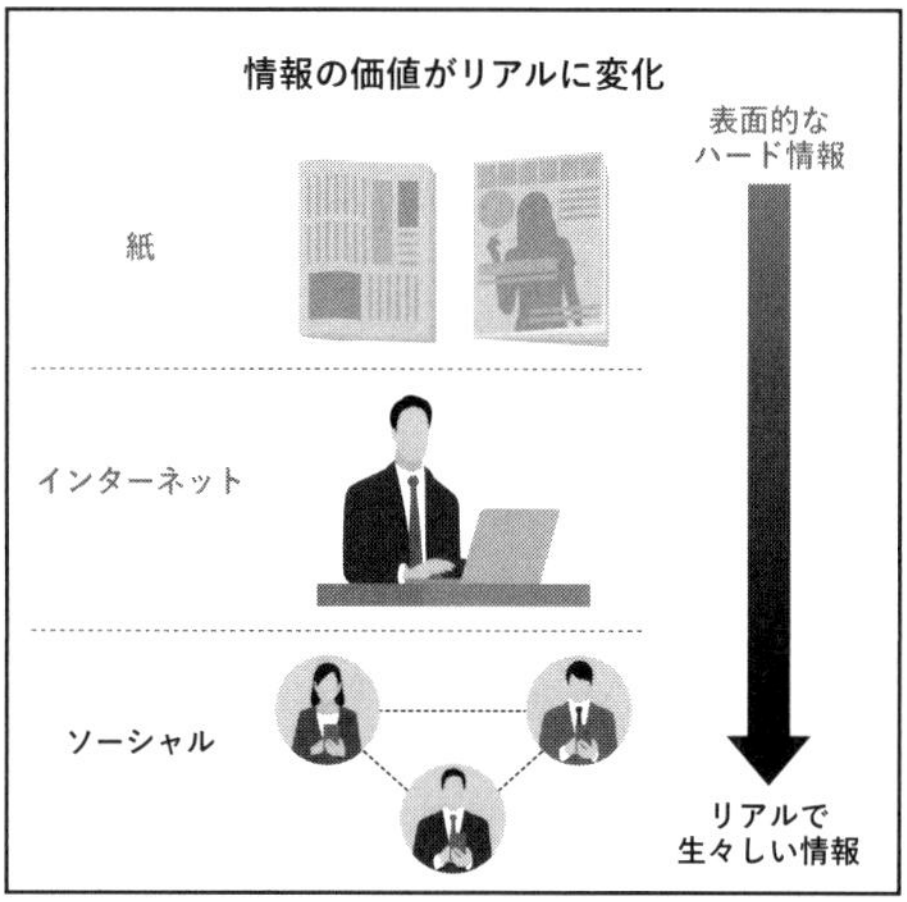

また、世代間の変化は、情報収集の傾向だけではありません。Z世代は「自分自身がなぜ必要とされているのか」という「パーソナル・パーパス」を重視するということがわかっています。パーソナル・パーパスは、「自分がこの会社で働く意義」や「やりがい」と言い換えることができます。

つまり、会社のパーパスと自身のパーパスの接合点や重なりを重視して、就職先を選定したいと考えているのです。端的にいうと、「安定しているから、この会社に入社しよう」「大企業だから安心だろう」といった基準で就職・転職活動は行わなくなります。若者たちは、自身の価値を発揮できるのか、あるいは介在価値があるのかをより意識しているのです。

そのため、新卒においても中途採用においても、条件だけを明示した採用活動だけで、優秀な人材を獲得することは難しいといえるのです。

これからの時代に求められる〝採用のカタチ〟

社員がメディアになり、ストーリーを伝える

社会構造や求職者の情報収集のトレンドを踏まえた時に、今後求められていく採用のカタチとはいかなるものなのでしょうか。

企業視点で見ると、日本は転職潜在層が95％を占め、今後労働人口がますます減少するなかでは、小さなパイを奪い合う戦いが続きます。

求職者視点で見ると、自身が受け取る情報量が各段に増え、よりリアルで自分に適した情報を信頼するようになります。

企業がより自社に合った優秀な人材を獲得するために、また個人がより自分に合った最適な就職を果たすために、より解像度の高い情報流通が何よりも求められます。

このような時代だからこそ、企業は競合と同じように募集をかけるのではなく、転職潜在層にも魅力を伝えられる手法を考え、中長期にわたって人材獲得競争力、つまり企業競争力を高める「戦わない採用」を見出す必要があるのです。

この「戦わない採用」として注目されるのが、リファラル採用です。

リファラル採用は、端的にいうと、会社で働く社員の紹介によってリアルな情報を市場に流通させて採用していく方法です。自社の職場の魅力を求人広告で表現しても、なかなか信用されないことは先述しました。

ただ、自社で働く社員の声だったらどうでしょう?　「うちの会社はベンチャーだから確かに忙しい。でも、自分で手を挙げれば色々なプロジェクトを任せてもらえるし、半年や1年で確実に力がついていると感じる。実際に、3年で経営の一端を任されている社員もいるよ」といったことが、リアルなストーリーとして、より解像度高く伝わっていくでしょう。

社員がメディアとなり、友人・知人に自社の魅力を伝え、採用につなげていく。これがリファラル採用なのです。

Ａｉｒｂｎｂはなぜ GAFAに勝てたのか

Ｚ世代は、「自分がこの会社で働く意義」「パーソナル・パーパス」を重視する価値観を持っているとお伝えしました。

逆にいえば、「働く意義」をきちんと伝えられれば、条件面では大企業に勝てなくとも、優秀な人材を獲得できるともいえます。実際に海外ではそうした事例がいくつも登場しています。

例えば、優秀なエンジニアの獲得競争という点でいうと、Ａｉｒｂｎｂの競合はＧＡＦＡ（Ｇｏｏｇｌｅ、Ａｍａｚｏｎ、Ｆａｃｅｂｏｏｋ、Ａｐｐｌｅ）になってきます。条件だけではＧｏｏｇｌｅなどの企業に勝つことは難しいですが、実際に優れたエンジニアがＡｉｒｂ nbを選んで入社する状況が起きています。

それは、「旅が好きで、旅が自分のライフスタイルになっている優秀なエンジニア」に向けて、「入社すれば、どこにでも働く場所がある」ということを自社のパーパスと紐付けて伝えていったからです。こうしたパーソナライズされた採用活動を行い、Ａｉｒｂｎｂは採用マーケティングの勝者となっています。

Ａｉｒｂｎｂの事例からもわかるとおり、リファラル採用はこうしたパーソナライズされた採用活動を可能にします。逆にいうと、自社のほしい人材やその人材の解像度が低いと機能しにくくなります。つまり、企業は自社の現場ではどういった人材が求められているのか、ターゲットとなる候補者はどういう志向性を持っているのかなどをつぶさに理解しておく必要があります。

パーソナライズされた採用活動となるリファラル採用は、自分自身の働く意義と自分自身の存在意義を連続して考えるZ世代に対して、非常に有効な採用手法だといえるのです。

第2章

新時代の当たり前
――リファラル採用
とは何か

リファラル採用の歴史

リファラル採用とは

リファラル採用とは、「リファラル（紹介、推薦）×リクルーティング（採用）」の造語です。信頼できる友人・知人からの紹介を通じた採用手法が、リファラル採用の定義といえます。

２０１２年以降、米国においては最も人材獲得数が多い採用チャネルとなっています。企業の80％がリファラル採用の制度を導入して、実践しているのです。また、求職者の採用経路に関しても、リファラル採用が最も多いという状況になっています。

一方で、日本においても近年になって、ようやくメインの採用手法として盛り上がりを見せています。

日本の採用市場は、２００８年のリーマンショック以降、有効求人倍率が右肩上がりで上昇

リファラル採用とは

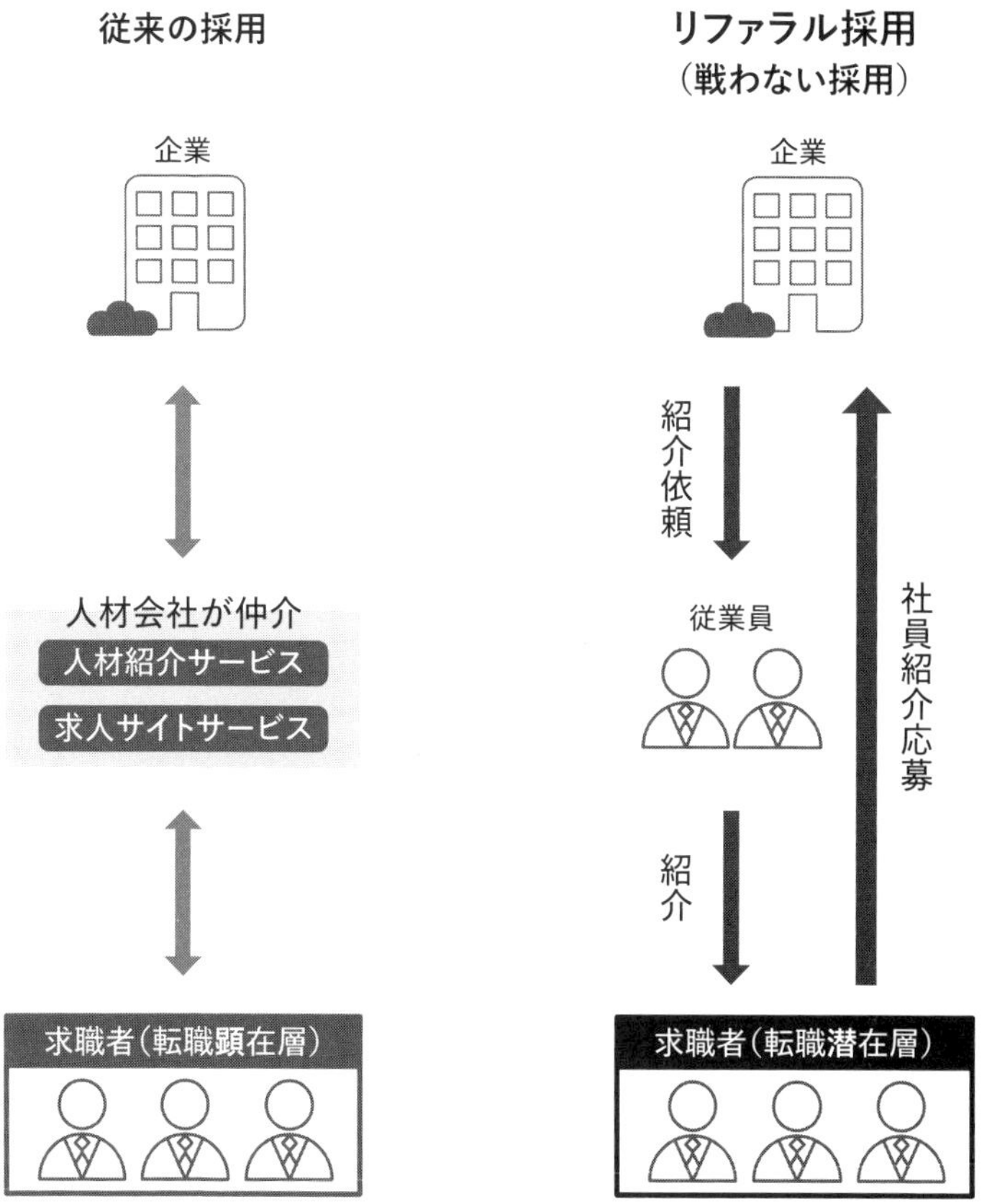
従来の採用
企業
人材会社が仲介
人材紹介サービス
求人サイトサービス
求職者（転職顕在層）
リファラル採用
（戦わない採用）
企業
紹介依頼
従業員
紹介
社員紹介応募
求職者（転職潜在層）

米国におけるリファラル採用

米国企業のリファラル採用導入率

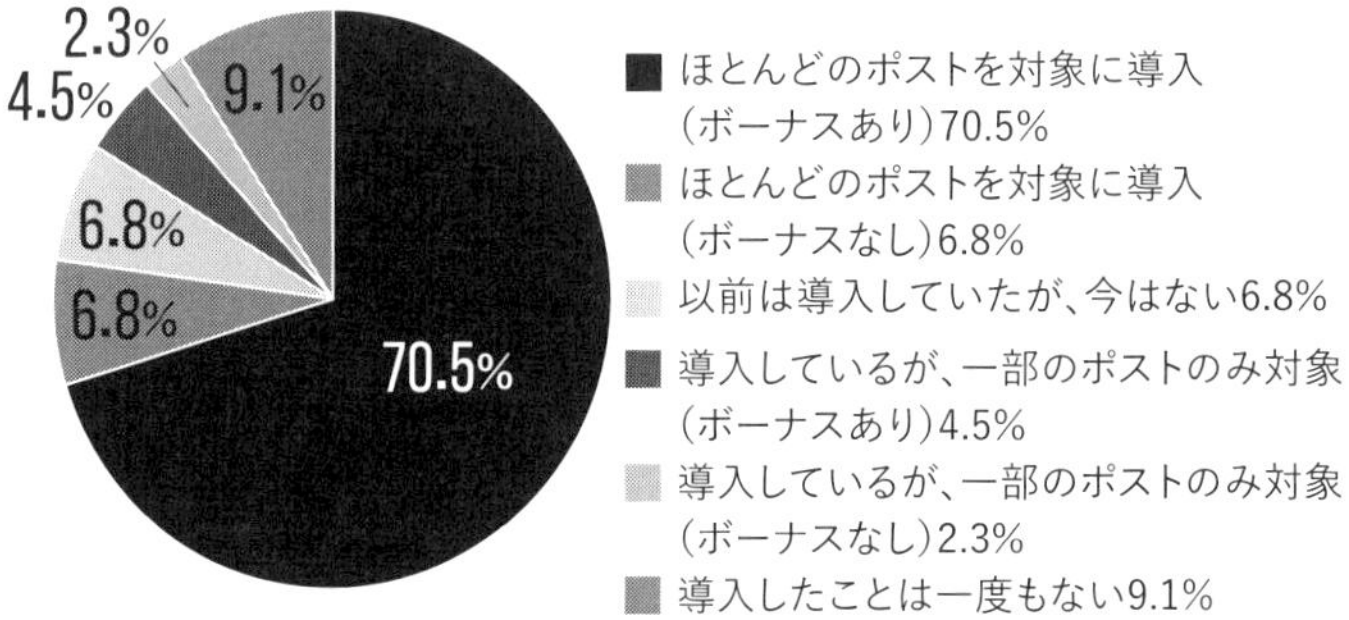

出典：CareerXroads,Brown Bag Lunch Webinar REFERRAL Practices,January 2012.

米国内の採用経路

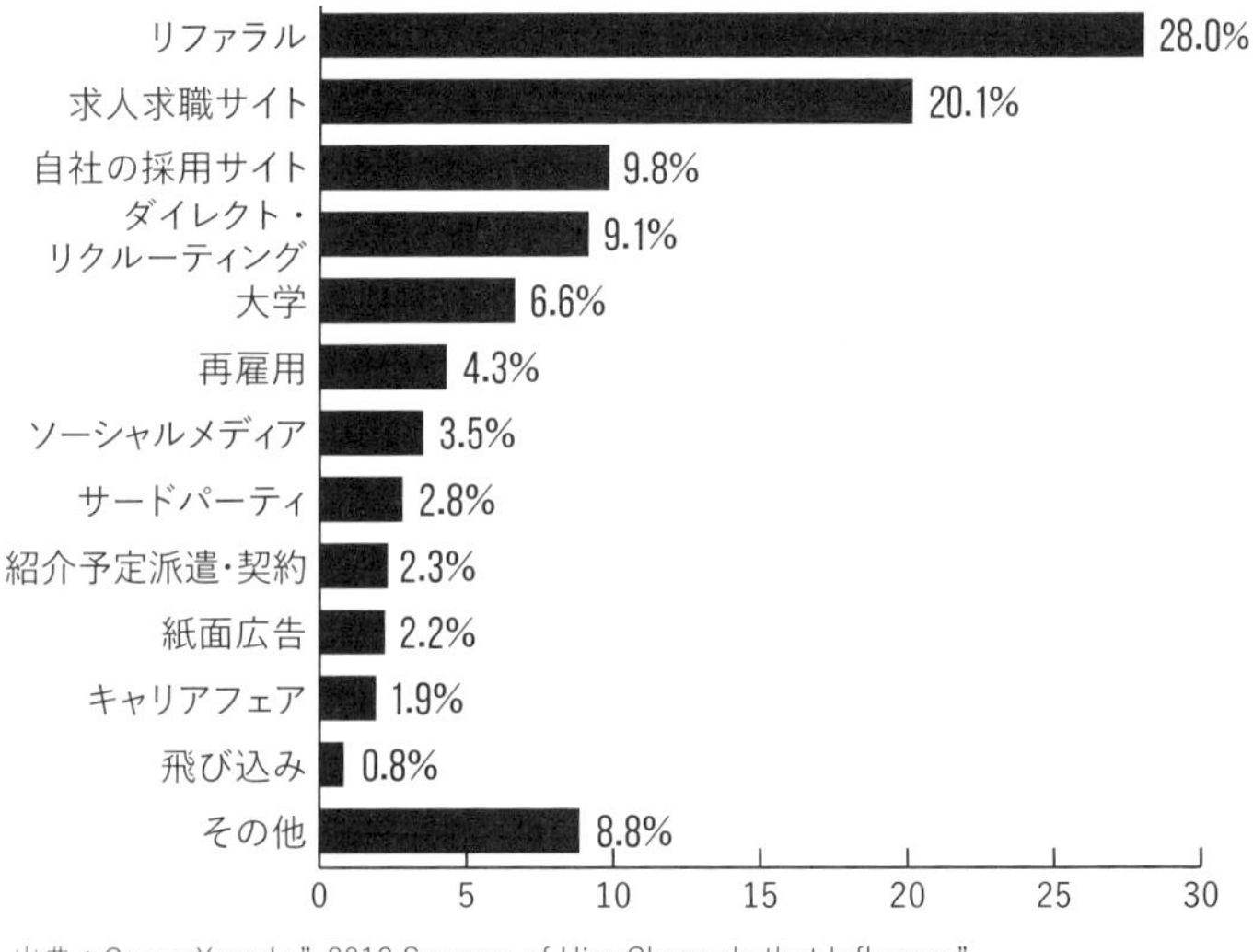

出典：CareerXroads,” 2012 Sources of Hire:Channels that Influence”

を続けてきました。それに伴い、２０１０年代から採用トレンドも変化し、従来のような求人広告を出して「待つ」だけの採用手法から、企業から優秀な人材にアプローチするダイレクト・リクルーティングと呼ばれる「攻め」の採用へとシフトしてきました。

その後、Ｚ世代の社会進出に伴いソーシャルでの情報収集が当たり前になり、より戦略的に優秀な人材を獲得する手法としてリファラル採用が着目されるようになったのです。

日本においては、２０１５年、我々ＭｙＲｅｆｅｒ（現ＴａｌｅｎｔＸ）がリファラル採用の概念を提唱しました。この時点では、多くの企業から「そもそもリファラルとは何か」「縁故採用と何が違うのか」といった声が聞かれました。

それが、現在では70％ほどの企業がリファラル採用を推進するに至っています。

とはいえ、一口に「リファラル採用」といっても、２０１５年当時と現在とでは、その定義が大きく変わってきていると感じます。そうしたリファラル採用の変遷を、私たちは「1.0」「2.0」「3.0」と定義して、分類しています。

「動かす」ではなく、「動きたくなる」リファラル採用3.0

リファラル採用の「1.0」はいわゆる縁故採用です。縁故採用というのは、社長や経営幹部の近親者などが、そのつながりによって入社することを指します。古くは「コネ採用」とも呼ばれてきたものですが、戦略的に優秀な人材を獲得する手法ではありません。

「2.0」は「社員紹介採用」と呼ばれてきた、日本におけるオーソドックスなリファラル採用です。「1.0」と「2.0」の違いは、選考要素があるかどうかです。優秀な人材を獲得する戦略的な採用手法としてのリファラル採用が確立するのが、この「2.0」の段階です。しかし、「2.0」の段階では社員をリクルーター化するために、インセンティブの制度を設けて、「なんとか動いてもらう」ということが主流となっていました。そのため、質のよい採用を行なっていくのにはどうしても限界がありました。

また、「リファラル採用はとにかくインセンティブを設定して動機付けすれば社員は動くだろう」という考え方が蔓延し、本質的な促進ができていない企業も多く散見されました。

そこで私たちが提唱しているのが、リファラル採用「3.0」です。社員をファン化して、彼らが紹介したくなる仕組みづくりから考えていくのが、「3.0」の特徴です。

会社にとっても紹介された友人・知人にとってもよい成果を生み、さらに持続可能性があるこの「3.0」の手法こそ、日本の多くの企業に重視してほしい採用手法です。


Z世代にはリアルな情報が求められるという話は前述のとおりです。

消費者は、スポンサーの広告費により強制的に動かされているタレントがおすすめる商品を信頼するでしょうか？

消費者がCMではなく、心から「この商品がいい！」という身近な人の言葉を重視するようになったのと同様に、リファラル採用においてもインセンティブで無理やり動かそうとするのではなく、「動きたくなる」仕組みを考えることが重要になったのです。これはまさに、採用においてもマーケティングの考え方が必要になった証左であり、「戦わない採用」が求められる背景といえます。

リファラル採用「3.0」の詳細については、第4章以降で解説していきます。

リファラル採用の歴史

コネ採用

リファラル採用 1.0
（縁故採用）

社長や経営幹部の肉親、
またはつながりによる
裏口入社的な採用手法

経営陣や
一部社員の
コネ採用

**紹介
させられ
採用**

リファラル採用 2.0
（社員紹介採用）

インセンティブにより
社員を強制的に動かす採用手法

社員の
リクルーター化

**紹介
したい
仕組み
づくり**

リファラル採用 3.0
（ファンベース採用）

社員もしくは関わった者が
自発的に会社を
おすすめしたくなるような
関係づくりから始まる採用

**社員の
ファン化**

なぜ「つながり」で採用がアップデートされるのか？

海外ではリファラル採用が語られる際に、「Talent know talent」という言葉が使われることがあります。直訳すると〝才能（優秀な人材）は才能（優秀な人材）を知っている〟ということです。実際に、プロフェッショナル人材の4割は自身の人脈やつながりによる口コミで情報収集しているというデータもあります。

企業がリファラル採用でつながりをうまく活用すると、競合と戦わない採用を実現し、企業競争力を高めることができます。一方で、社員のつながりで友人・知人にアプローチする手法であるリファラル採用にはデメリット（留意点）もあります。導入に際しては、メリットとデメリットをきちんと理解する必要があります。

リファラル採用のメリット

リファラル採用のメリットは大きく4つあります。

1つ目は、転職潜在層へのアプローチが可能となり、市場に出てこない優秀な人材を獲得できることです。たまたま前職の同僚と飲みに行ったタイミングで仕事の相談を受け、リファラ

リファラル採用の価値

❶ 転職潜在層から人材を獲得

市場に出てこない人材にアプローチできる

❷ 定着率が高くなる

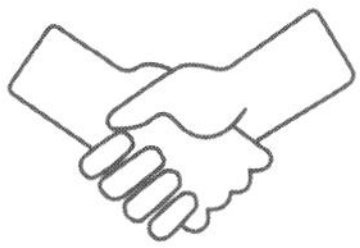

社員の紹介のためミスマッチを抑制

❸ 社員エンゲージメントが高くなる

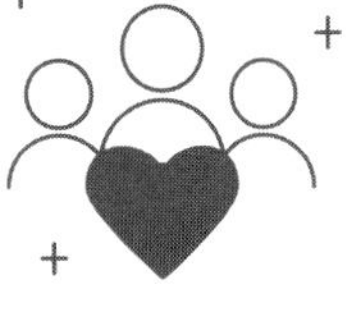

社員が自社を語ることで自社への愛着・帰属意識を高める

❹ 採用コスト削減

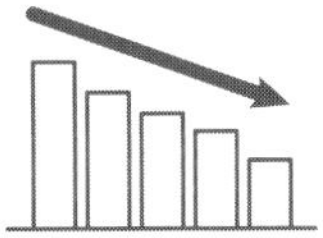

広告やエージェントより安価

ル採用につながったということはよくある事例でしょう。

2つ目は、ミスマッチを抑制し、入社後の定着率を高められることです。自社で働く従業員は、現場で求められる経験や人物像と友人・知人の経験や人物像の双方をよく理解したうえで紹介できるため、マッチングの精度が高くなります。

3つ目は、自社をおすすめしたいと思えるような「仕組みづくり」から考えていくことになり、そして従業員が自社のよさを友人・知人に語ることで、その経験を通じて組織のエンゲージメントが高まっていくことです。

4つ目は、いわずもがなですが、採用広告をマス向けに打つようなことがなくなるので、採用コストを削減できることです。

まとめると、リファラル採用は優秀な人材をミスマッチなく獲得でき、またそういった仲間集めを全社員で行っていくことでエンゲージメントが高まる、非常に費用対効果の高い採用手法だといえるのです。

リファラル採用が組織にもたらす効果

リファラル採用の費用対効果や定着率の高さについては、ご存じの方もいらっしゃるかもしれませんが、従業員エンゲージメントが向上するという点については、初めて耳にする方も多いかもしれません。

そこで、紹介活動がもたらす組織効果について、もう少し詳しく説明したいと思います。

「組織市民行動」という言葉を聞いたことはあるでしょうか?

少し耳慣れない概念かもしれません。

組織市民行動とは、会社のためになる自発的な役割外行動を指します。例えば、「職場に落ちているゴミを拾う」「新入社員が困っていたらサポートしてあげる」などの本来の自分の役割を超えた組織行動のことです。

組織市民行動を行うほどエンゲージメントが向上し、さらには、組織市民行動を行う人が多いほど会社のパフォーマンスが高まることが、これまでの多くの研究から示されています。組

組織市民行動と紹介の関係性

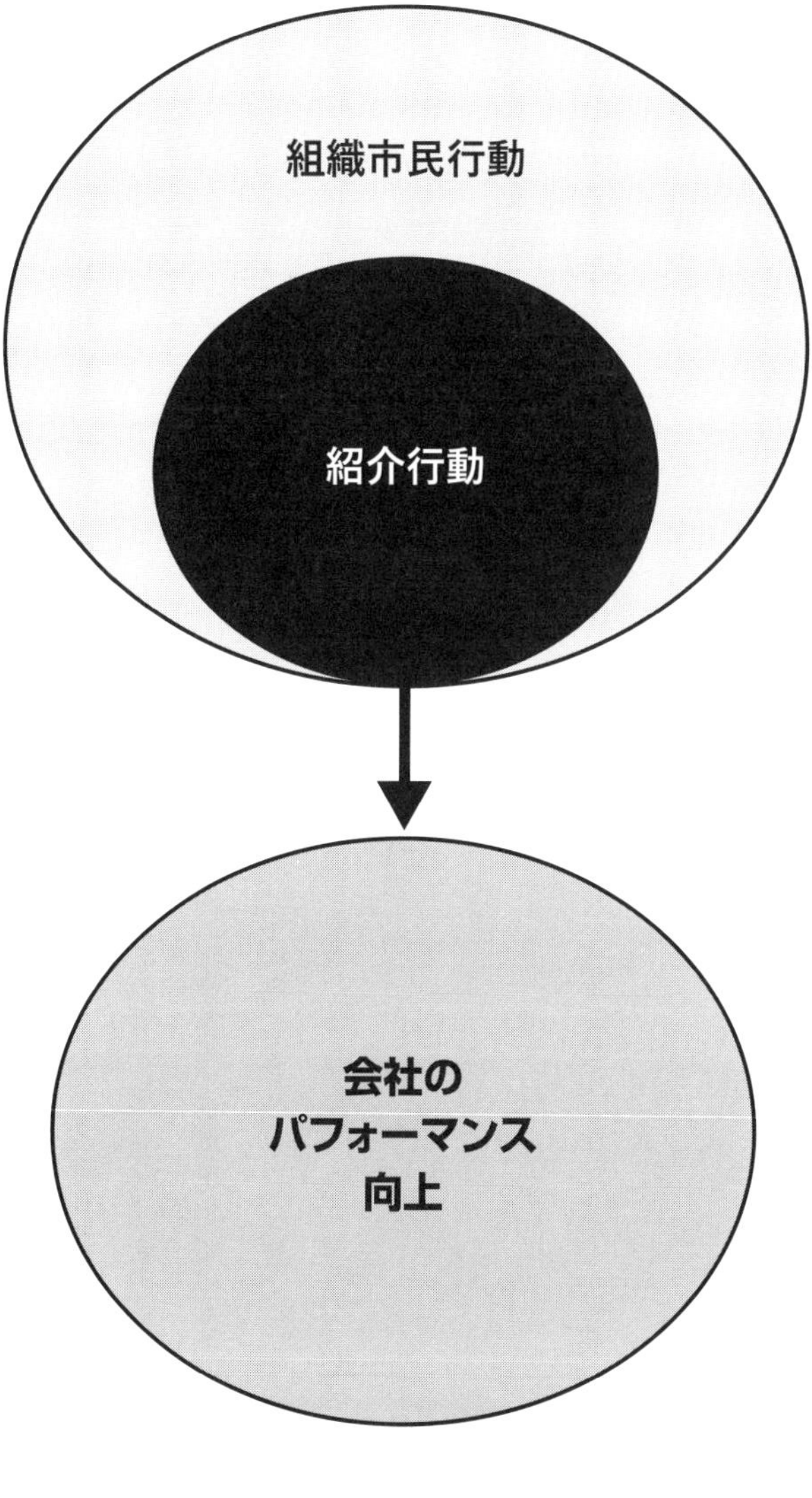

織はあらかじめ定められた役割行動だけでは成立しません。役割外行動を主体的に行う人がいれば、会社が円滑に回るようになり、経営的な成果にもつながるのです。リファラル採用は、紹介行動、すなわち、自社を友人・知人に宣伝するリファラル採用は、組織市民行動の1つであるといえます。

会社として紹介行動をとる従業員を増やすことは、組織市民行動をとる従業員を増やすことにもなり、会社のパフォーマンスを高めることにもつながっていきます。

リファラル採用に力を入れることは、採用の成果につながることはもちろん、会社の成長にも影響を与える非常に重要な組織戦略なのです。

リファラル採用のデメリット

「リファラル採用はメリットばかりでデメリットはないのか？」という点も気になってくるでしょう。デメリットは導入・実装の壁とも言い換えられますが、こちらも大きく4つ挙げられます。

1つ目は、人間関係と人材配置に配慮が必要なことです。従業員側からすると「大切な友人を紹介して、不合格となったら人間関係にヒビが入るのではないか」という懸念を抱きやすいです。こうしたことへのケアが求められます。

2つ目は、社員の理解と認知が重要なことです。「採用は人事がするもの」と捉えている社員はまだまだたくさんいます。全社員がリクルーターとなって友人に声掛けするということ自体への理解や認知が欠かせません。

3つ目は、情報が可視化しにくい点です。リファラル採用の制度設計をしても、3ヶ月程で形骸化してしまう企業も存在します。PDCAを回し、情報を可視化していく意識を持たなければ、せっかく導入しても廃れていってしまいます。

4つ目は、促進・活性化するまでに一定の工数が必要なことです。リファラル採用は新たな取り組みであり、社員の協力が不可欠であるため、一朝一夕で大きな効果が出せるものではないと理解しておきましょう。

リモートワーク時代のつながりの必要性

リファラル採用のメリット・デメリットの解説をしましたが、実はコロナ禍においては、リファラル採用の新たなる価値も着目されています。

ご存じのとおり、2019年12月以降、新型コロナウイルス（COVID-19）の影響で全世界がパンデミックに見舞われました。

多くの企業がオフィス勤務を廃止し、リモートワークが広がりました。オフィスに出社しないことで社員間のコミュニケーション機会が減少。社内での雑談や社外との名刺交換のないままに、オンラインでの打ち合わせがメインになったことで、会社への帰属意識を感じる機会が減少しました。

ある調査データによると、リモートワークによって人間関係（信頼関係）の維持に対して危機感を覚えている社員は実に70％以上にのぼるといわれています。


帰属意識の低下は、エンゲージメントの低下にもつながります。エンゲージメントは企業の生産性にもつながる非常に重要な概念です。新たな働き方のなかで、いかに社員が会社への帰属意識を持つことができるかが大きな課題となったのです。


特に新入社員の帰属意識の醸成は多くの企業が頭を悩ませました。

選考活動もオンライン化したことで、求職者が入社前に受け取る情報量はこれまで以上に希薄化し、入社後に「こんな会社だと思わなかった」という状況に陥るリアリティショックにも

コロナ禍の HR 課題

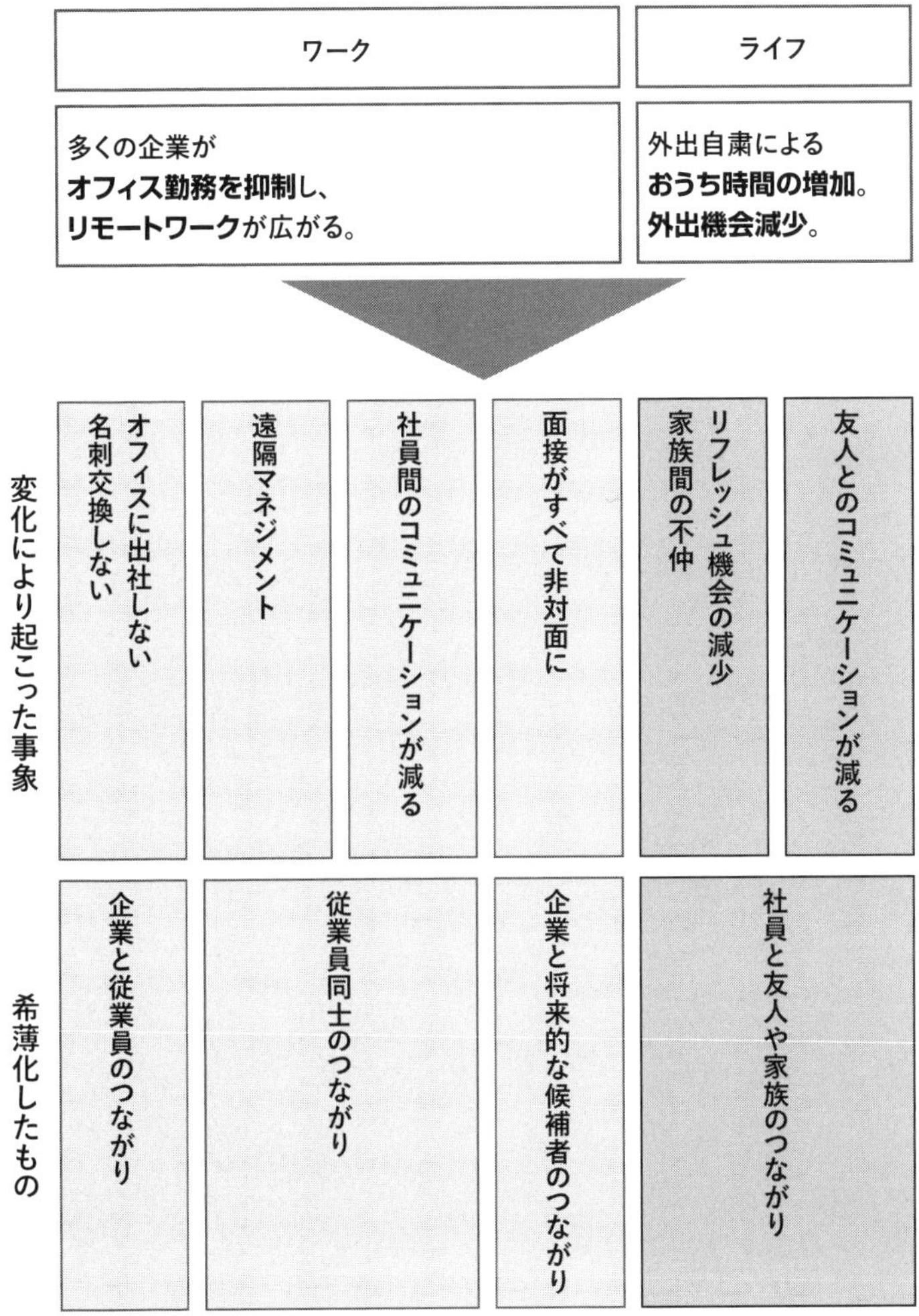
ワーク
ライフ
多くの企業が
オフィス勤務を抑制し、
リモートワークが広がる。
外出自粛による
おうち時間の増加。
外出機会減少。
変化により起こった事象
オフィスに出社しない
名刺交換しない
遠隔マネジメント
社員間のコミュニケーションが減る
面接がすべて非対面に
リフレッシュ機会の減少
家族間の不仲
友人とのコミュニケーションが減る
希薄化したもの
企業と従業員のつながり
従業員同士のつながり
企業と将来的な候補者のつながり
社員と友人や家族のつながり

拍車がかかるようになりました。

「コロナ転職」「コロナうつ」という言葉が流行するなど、「オンラインでの新入社員のオンボーディングの難しさ」は社会的な課題ともいえました。

加えて、コロナ禍による景気の悪化により、多くの企業で採用人数が縮小。従業員が減るなかで業績を維持しなければいけないとなれば、量から質への転換を余儀なくされます。

すなわち、社員の生産性向上がテーマとなったのです。新入社員のオンボーディングを果たし、エンゲージメントを向上させ、どうパフォーマンスにつなげていくか。それが企業にとって喫緊の問題となったのです。

つまりは、人と組織、人と人のつながりが希薄化したコロナ禍では、入社前の「入口段階でのエンゲージメント」と「入社後エンゲージメント」の双方が重要になってきているということです。


こうしたコロナ禍における組織対策としても、リファラル採用は注目されました。

候補者は現場社員のつながりでリアルな情報を取得して応募することができ、会社とのミスマッチを防ぐことができます。

コロナ禍におけるリファラル採用の価値

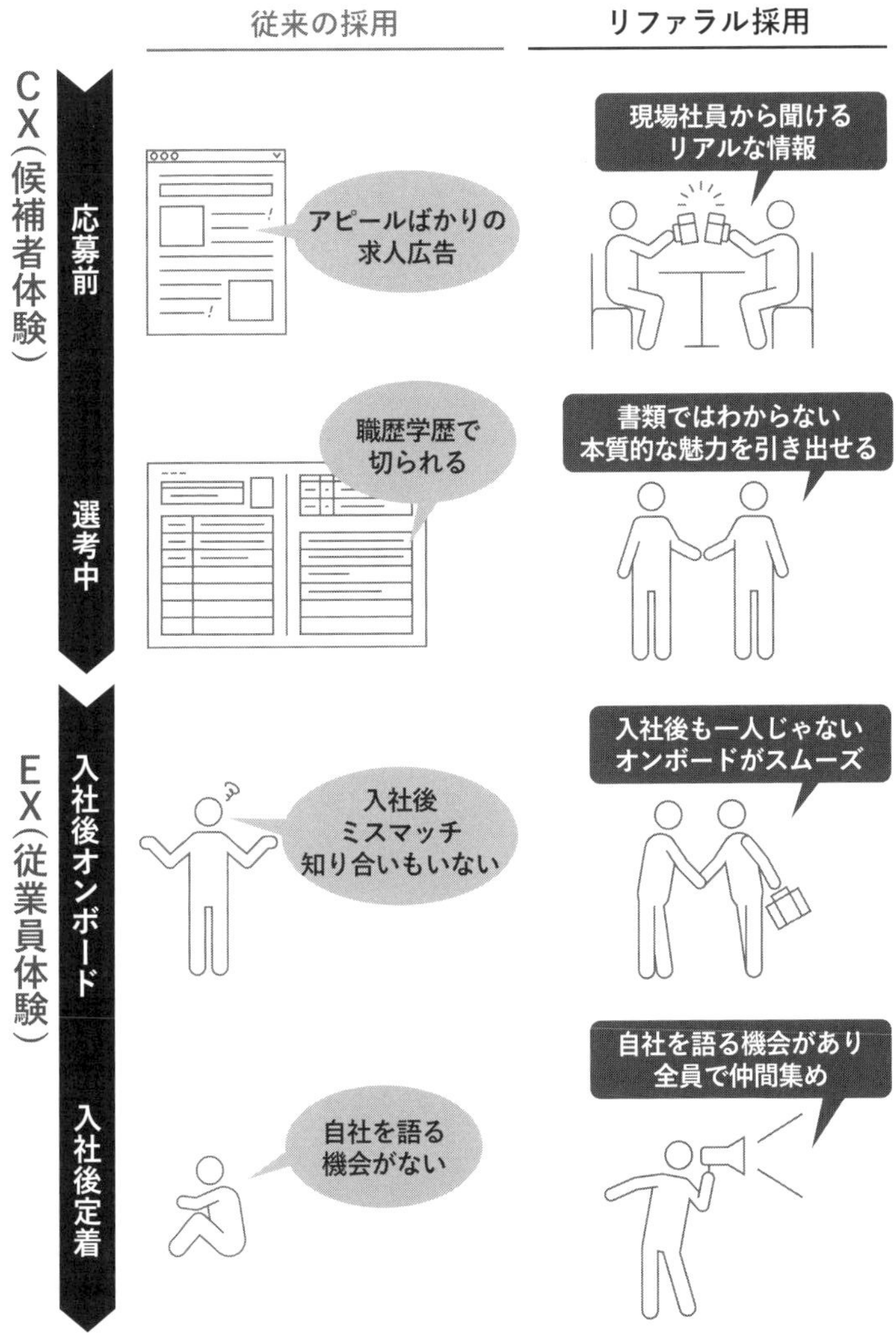

企業側も、選考段階において、書類や面接だけではわからない候補者の本質的な能力を紹介者から耳にすることでミスマッチを防ぐことができます。

また、入社後は紹介した社員が友人を気にかけて自然とサポートをし、オンボーディングが促されます。そして、入社者もまたリファラル採用において紹介者の立場を経験することで、自社を語る立場となり、組織への愛着が増すのです。

以上のように、リファラル採用を軸にポジティブなサイクルが回るようになり、組織のエンゲージメントや生産性向上にもつながっていくと考えられるのです。

実際に、コロナ禍においても生産性が高い企業は、採用人数の3割近くをリファラル採用で確保していることがわかっています。日本においてはメルカリ、海外ではGAFAなどはリファラル採用で5割近くの人員を確保しています。

シリコンバレーでは、リファラル採用の比率が50％を下回ったら、採用担当者が解雇される企業すらあるといわれています。

これらの企業は従業員が仲間を連れてくるリファラル採用を通じて、文化形成やビジョン浸透を加速させ、エンゲージメントの高い強固な組織を築いているのです。

どんな会社でも成功するのか？

ここまでお読みになられた方は、リファラル採用は行わない理由がないほど、企業価値向上においてメリットが多い施策だと感じたかもしれません。同時に、「名だたる有名企業だから効果が出るけれど、我社ではあまり意味がないのでは……」「うちはそもそもエンゲージメントが高くないから、社員が紹介してくれないのではないか……」と懸念を感じた方もいらっしゃるかもしれません。

安心してください。リファラル採用はどんな会社でも実践できます。

リファラル採用は業種・領域・規模に関係なく、どの企業にも有効な採用手法です。当社のサービス導入企業は２０２２年時点で８００社を超え、従業員数５名の中小企業から1万名を超える大手企業まで活用されています。

業種割合でも偏りはなく、ＩＴ・ＷＥＢが21％、メーカー・商社が18％、外食小売りが13％、人材業界が11％、医療・福祉が11％、不動産・建築が９％と、多様な企業に活用していただいています。

また、飲食店のアルバイト・パートの募集から介護職、高度ＡＩ人材といった専門職の募集まで、あらゆる職種の採用に使われていることも特徴です。

こうした実情からいえることは、「うちの会社ではリファラル採用はできない」ということはあり得ないということです。


繰り返しますが、すべての会社において、リファラル採用は有効な手段なのです。第5章では多様な企業のリファラル採用事例を紹介していきます。そちらもぜひ参考にしてください。

補足としていえることとすれば、業種や領域、規模によって効果的な推進方法や得られるメリットが異なるという点です。端的に事例を交えて見てみましょう。

従業員数1万名超えの製造業がつながりからＡＩ人材を採用

1万名を超える大手企業の場合を考えてみます。昨今の20～30代はＳＮＳ上で平均３００人の友人・知人とつながっているというデータがあるので、理論上は1万名×３００人＝３００万人の転職潜在層にアプローチができるということになります。

143ページ以降で詳細を紹介する富士通は、製造業からソフトウェア業に事業構造を変革していくなかで、優秀なソフトウェア人材の獲得がキャリア採用の命題になりました。しかし、ニッチな専門スキルのある人材の獲得は求人広告だけでは難しい。そこで従業員3万4千名の人脈をフル活用して、市場にいる約1，000万人の転職潜在層にアプローチをしていきました。

その結果、従業員の大学時代の研究室のつながりから、求人広告や人材紹介では出会えないようなＡＩ人材の獲得を果たしています。

また、大手の企業の場合は、優秀人材の採用に加えて、大幅な採用コストの削減にもつながるというメリットもあります。

中小ＳＩｅｒがコンサルファームに勝つ

続いて、中小ＩＴ企業に目を向けてみましょう。中小企業においては、そもそも「広告掲載によるＰＲだけでは人が集まらない」といった課題を抱えていることが多いです。受託開発を主に扱う二次受けのシステムインテグレーター（ＳＩｅｒ）では、Ｊａｖａを使えるエンジニアを採用したいと思った時に、その競合となるのが大手のコンサルファームや大手プライムベンダー、または社内SEなどを募集する事業会社などになります。そのなかから、求人広告の条件だけで振り向いてもらうことは至難の業でしょう。

そこで、リファラル採用を通じて、差別化を図っていくことが求められます。例えば、自社の受託案件のなかにすごく魅力的なAIの技術が身につく業務がある、といったことは口コミでしか伝えられない情報でしょう。

採用候補者が集まりづらく、広告では差別化が図れない企業こそ、リファラル採用で最も大きな恩恵を得られる企業であるともいえるのです。

誰もが知るファストフードチェーンが離職率1／4に

リファラル採用を推進することで離職率を下げられ、エンゲージメントも高まるという効果もあります。飲食店のアルバイトスタッフは、年間での平均離職率が50％程度だといわれています。

一方で、アルバイトスタッフの募集にリファラル採用を導入したモスストアカンパニー（詳細は155ページ以降参照）では、リファラル採用経由での入社者の1年以内離職率が12.5％にとどまっています。

飲食店がリファラル採用で売上増加

さらに、東京レストランツファクトリーでは、リファラル採用の比率が高い店舗のほうが売上も高いという相関も生まれています。これは、「気の合う仲間と働いていきたい」という思いから仲間集めをし、友人・知人の比率が高い店舗のエンゲージメントが向上、それが業績につながった事例だといえるでしょう。ミスマッチを防いでエンゲージメントを高める点も、企業の競争優位につながっていくリファラル採用のメリットだといえるのです。

以上のとおり、リファラル採用はすべての業界・採用領域においてメリットがある手法です。

戦わない採用TIPS①　リファラル採用に〝心配の声〟

リファラル採用を導入する際によく聞かれる「心配の声」としては、大きく３つ挙げられます。ここではそのお声と対処法をご紹介します。

心配の声１「コネ入社と間違えられない？」

リファラル採用前の段階にある企業においては、「コネ入社と間違えられるのではないか?」という懸念が社内で挙がることもあるかもしれません。おそらく、「コネ入社」のイメージから「従業員にマイナスの印象を与えないだろうか……」と不安になるのでしょう。

これは、制度設計の社内への下ろし方で解決していくことができます。リファラル採用は、社員の友人・知人に下駄を履かせて入社させる仕組みではありません。あくまで他の採用手法と同様に公平に選考を行います。従業員にはこうした制度のあり方を正しく伝えるべきです。

従業員が「選考だ」ということを理解していれば、マイナスイメージも払拭されますし、「僕の紹介だから受かるよ」といった安易な発言を友人・知人にすることはなくなるはずです。制度の内容をきちんと伝えていれば、「こういう仕事があるから気になったら応募してみたら? ただ、選考はあるからね」と正確に情報を伝達することができます。

心配の声２「友人が落とされた場合、気まずくならない？」

不合格とした場合には、会社側はどういう理由でNGとしたのか理由をきちんとフィードバックし、丁寧なアフターフォローをすべきです。例えば、「ご紹介頂いた〇〇さんは、非常に優秀な方でした。一方で、ご本人の志向性として、△△の環境を望んでいることがあり、当社のカルチャーとミスマッチがあると考えられたので、非常に残念ですが、本人のためにも今回はお見送りとさせていただきます」と丁寧にフィードバックをするのです。

ユニークな取り組みとしては、「ごめんね飯」といって、紹介した友人とアフターフォローの会食費を支給する制度を設けている企業もあります。

従業員の今後の人間関係を考慮した制度設計や運営がなされていることを、全社員に伝えていくことで、安心してリファラルを行っていける環境を整えていきます。

心配の声3「引き抜きだと思われない？」

社外の人とともに業務を行っていくなかで関係性が深まり、自社の募集について話をするということも十分にあり得るでしょう。これに対して、「取引先の引き抜きに見えるのではないか」と、懸念する声もあります。取引先との今後の関係性の悪化を心配しているのです。

このような場合においては、きちんとルールを設けて対処していく必要があります。例えば、「主要なクライアント先の現場で引き抜き行為をしない」「取引先以外に声を掛けるようにする」などを定めておくことで、トラブルを未然に防ぐことができます。

第3章

リファラル採用3.0の導入

準備編

戦わない採用

第3章では、リファラル採用の「準備編」をお届けします。リファラル採用を行なってみたいけれど、何から始めればよいのかわからないという方に具体的なメソッドをお伝えしていきます。

リファラル採用3.0における人事の役割

採用人事ではなく、ファンづくりのディレクター

あなたは自分の会社を候補者におすすめしたいと思えるでしょうか？

「リファラル採用3.0」を作っていくためには、人事担当者は自社のファンになって、社員がおすすめしたい会社を作るディレクターであることが求められます。

第2章でも触れましたが、インセンティブをぶら下げて社員を動かす「リファラル採用2.0」ではなく、社員が友人・知人におすすめしたい組織づくりをしていく「リファラル採用3.0」を構築していくことが重要です。

リファラル採用を推進する人事担当者や、現場の担当者、責任者自体が「自社をおすすめし

たい」と思えていなければ、いくら旗を振って推進してもリファラル採用は成功しません。

ここで重要なことは、「どうすればおすすめしたい会社になるか」を前向きに考え、信頼を持って推進していくことです。

よい会社を作る手段としてのリファラル採用

これまで私は多くの日本企業の人事担当者の方とお会いしてきました。そのなかで感じたことは、日本企業の人事担当者の特性として、「自分自身が自社のことをおすすめしたいと強く思えていないので推進ができない」「うちの会社の社員は動いてくれないと思う」と悲観的に考えて、足が止まっている方がすごく多いということです。


こうした理由は、外資系企業ではほぼ見たことがありません。

その背景として、人事組織構造の違いや文化の違いなどもありますが、大きく異なるのはリファラル採用を目的ではなく、よい会社を作る手段として捉えられているかどうかです。

海外では、従業員体験（Employee Experience／エンプロイ・エクスペリエンス）を専門に扱うチームがリファラル採用を推進しているケースも少なくありません。つまり、よい会社

リファラル採用推進者の役割

**オペレーション
採用人事**

✓人事のみでKPIを追い、
採用人数を達成するために
独り相撲を続けるオペレーター

**ファンづくり
ディレクター**

✓社員がおすすめしたい
会社を創るディレクター

✓最も自社のファンになる人

を作っていくための従業員体験の１つとしてリファラル採用を位置付けているのです。従業員体験の重要性については、１０１ページで詳しくお伝えします。

また、先述しましたが、リファラル採用を推進することで、結果的にエンゲージメントが高まっていくという効果もあります。

リファラル採用を、「よい会社をつくる手段」として捉え、自分自身がファンづくりのディレクターになった気持ちでリファラル採用を推進していくことが重要です。

ではこれらのスタンスを踏まえ、どのようにリファラル採用を進めていくのか？

その第一歩の踏み出し方として「準備編」をお伝えしていきます。

始める前に『ゴ』『ル』『フ』の準備

準備編の構成は、リファァラル採用を成功に導く事前準備として、リファァラル採用の「ゴルフの設計」の重要性についてお伝えします。

ゴルフといっても、スポーツのゴルフではありません。

リファァラル採用の「ゴルフ」とは、

ゴ…ゴール設計

ル…ルール設計

フ…フロー設計

の頭文字を指しています。

第２章でもお伝えしたように、リファァラル採用は短期的な視野で見ると工数がかかりますが、長期的には、会社の文化として根付き、自然と人が集まるような会社を作ることができる大きなメリットがある仕組みです。

それでは、具体例を踏まえてゴール設計から見ていきましょう。

リファラル採用の中長期的な『ゴ』ール設計

これは何もリファラル採用だけの話ではありませんが、全社を巻き込む施策において重要なことは、意義や目的を明確にすることです。

リファラル採用は、スカウトを打っていく採用手法と違い、全社員を巻き込んで推進していく必要があります。人事部門で完結する採用施策ではない分、短期的な成果ではなく、中長期にわたって仕組みを作っていくことが大事になります。KGI・KPIといった目標を設定しなければ、PDCAを回して改善していくこともできません。その結果、導入したはいいものの、活用されないまま形骸化するということも起こりえます。

導入準備段階において、リファラル採用を「なぜやるのか」を定めることが必要なのです。

中長期の定量ゴールを設定する

前提として、採用計画やそれを実現する戦略は各社で異なるものです。例えば、現状自社で年間100名採用しているなかで70%を人材紹介に依存し、年間1.5億円ほどかかっている場合には、採用コストを1億円まで下げるといったことが目標になるかもしれません。

他にも、離職率を下げることを目標に据えている会社もあります。現状離職率が15％であれば、リファラル採用の比率を高めて離職率を10％まで下げることをゴールにする、そういったアプローチも考えられるでしょう。

ここで重要なことは、「2ヶ月で●●名採用する！」といったような近視眼的な数値を設計するのではなく、中長期の目線でゴールを設計することです。

多くの企業における人事・採用担当者は、現場からは早急な人材確保が要求され、経営からも短期的な成果を求められます。

リファラル採用は制度を設計して運営を開始すれば、すぐに爆発的に応募が増えるわけではありません。中長期にわたって会社をよくしていくという視点を持つことが重要です。

定性的な状態目標を設定する

また、リファラル採用を推進する際には、定量的なゴールを設定するだけでなく、定性的な状態目標も設定することがポイントです。一般的に採用担当者は採用人数を追うことが主業務なので、「3ヶ月で10名採用」といった定量的な観点ばかりに注目しがちです。

しかし、リファラル採用の場合には定性的で、中長期的な目的もセットで考えることが重要です。例えば、エンゲージメントの向上などは定性的な状態目標として挙げられやすいです。1年、2年、3年後といった長いスパンで、エンゲージメントがどのように向上していくことを目指すのか、目標を立てていけるとよいでしょう。

リファラル採用が文化として定着したある上場メーカーでは、リファラル採用の目的はあくまで社員が「自分の大切なご家族・友人を紹介したいと思える場をつくること」であり、その先に、結果として採用決定が生まれるという定性的な状態目標を置くことで成功を収めています。

残念ながら、「目的がなく定量目標だけを設定しているケース」や「目的・目標が具体的でなく、ゴールと進捗状況が不透明」といった場合は失敗するケースが多いです。あるべき姿としては、目的として「現場全員で仲間集めをすることで、エンゲージメントを向上させ持続可能な採用チャネルを確立する」とし、リファラル採用の定量目標として「○名の社員が自社を紹介し、その結果○名の決定、○円のコストカットを実現できている状態」といった内容をセットで掲げられている状態です。

リファラル採用でよくある失敗とあるべき姿

【失敗ケース①】目的が無く、定量目標のみを設定

目的	無し
目標	採用単価の削減（2000万円コストカット）

【失敗ケース②】目的、目標が具体的でない

目的	採用単価の削減、潜在層へのアプローチ
目標	採用単価の削減

【あるべき姿】中長期な目的と、達成指標としての定量数値がクリアに整理

目的	現場全員で仲間集めをすることで、当事者意識（エンゲージメント）を向上させ、人材紹介を超える持続可能な採用チャネルを確立する
目標	1年間で○名の社員が自社を紹介し、その結果○名の決定、○円のコストカットを実現できている状態

社内を説得するうえでのストーリー設計

定量目標、定性目標が定義できれば、いよいよ社内を巻き込むうえでのストーリー設計に入ります。

リファラル採用は担当者で完結するのではなく、経営層や社員を巻き込む施策であり、だからこそ強力なエンゲージメント施策になるということは先述しました。

このような複数のステークホルダーを巻き込んでいく場合、ストーリーが極めて重要になります。ストーリーを設計できていないと、人事の担当者が「リファラル採用を実施したいけれど社内稟議を通せない」といった事態が起こります。特に大企業であれば、「人材紹介やダイレクト・リクルーティングのほうがラク」という結論になりかねません。

そうした時に目前の結果だけでなく、リファラル採用が文化として根付いた時にどのような組織になっているか、といった中長期のストーリーを語ることで社内を巻き込みやすくなるのです。

中長期的なプロジェクトになると腹を括ることができれば、その変遷を確認しながら、社内にリファラル採用を定着させていくことができます。リファラル採用は4~5ヶ月目頃が最も人事担当者へ負荷がかかります。それでも、先を見越していれば、「これを乗り越えれば、成果が待っている!」と目標達成に進んでいくことができるはずです。

企業へのリファラル採用の導入プロセスを、少しだけ具体的に解説します。

制度の設計をしてから社員を巻き込んで浸透させていくと、社員のなかから友人に声掛けする者が現れ始めます。潜在層へ声掛けをしていくことになるので、応募が発生してから採用を決定するのはまたその数ヶ月後になることを踏まえておきましょう。

リファラル採用の成功事例が出てきたら、それを社内に伝播していきます。そういった地道な取り組みを続けていった結果、ようやく協力社員がどんどん増えていくスパイラルが起き始めます。そうなれば、リファラル制度を利用する社員がマジョリティ化していき、文化として定着します。

定着が図られるまでのスパンは企業規模などによって異なります。

リファラル採用をまったく行っていない大手企業の場合には、文化として定着するまでに2年ほどのスパンがかかると見るべきです。一方で、社員数70名くらいのベンチャー企業であれ

リファラル採用定着までの負荷と成果

期間とともに文化定着が進み、効果と工数が逆転する

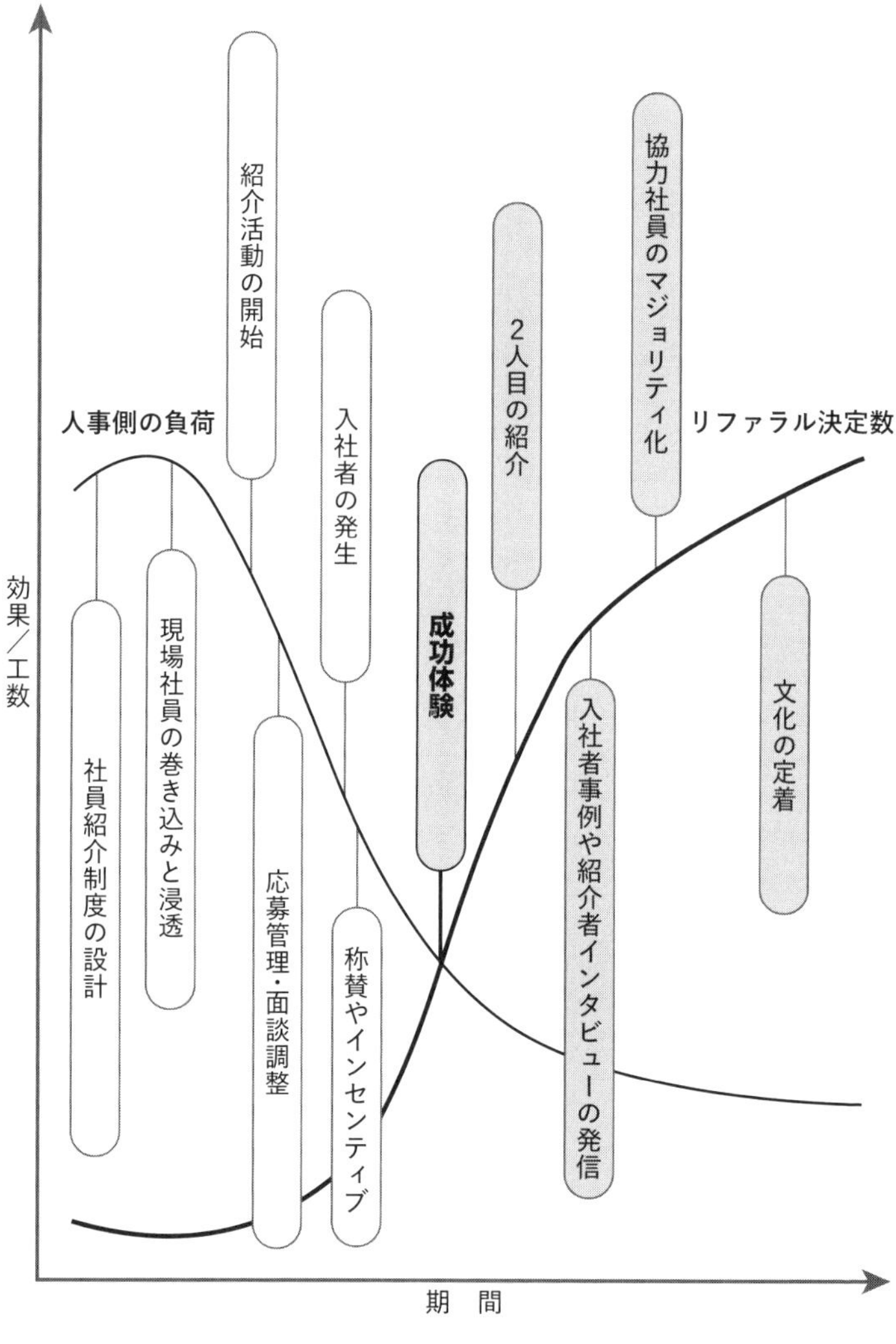

ば、全社を巻き込んで半年未満で推進できるケースもあります。

このような中長期スパンで目標を設定するには、段階的なゴールを意識しましょう。例えば、現状リファラル採用の年間比率は全体の3%なので、1年目で5%とし、1年半で10%まで持っていき、2年目で20%としよう、というイメージです。

こうしたステップを踏んでいくことで、少しずつリファラル採用の文化が根付いていくのです。

戦わない採用TIPS②　リファラル採用の健康状態を測るKPI

中長期のゴール設定の後には、KPIの設定も不可欠です。難しい点を、少し補足したいと思います。

人材紹介やスカウトによる採用であれば、KPIの設定はシンプルです。「推薦○名、選考○名、面接○名……内定承諾○名」と、応募以降のプロセスを設計していけばよいからです。

一方で、リファラル採用の場合には、推薦の手前からスタートしてKPIを設定する必要があります。すなわち、「リファラル」段階から意識をしないといけないのです。

リファラル採用を成功させるKPI設定例

計測指標	概要	KPI
対象社員数	対象となる社員数	○○○名
制度認知率	リファラル制度を認知している割合	○○%
制度認知社員数	リファラル制度を認知している社員数	○○名
紹介率	実際に友人紹介を実施してくれる割合	○○%
紹介社員数	実際に友人紹介を実施してくれる社員数	○○○名
1人当たり紹介数	社員1人当たりが紹介してくれる友人数	○名
紹介数	社員が紹介してくれる友人数	○○○名
応募率	紹介された友人が応募する割合	○○%
応募数	紹介された友人が応募した数	○○○名
決定率	応募者の決定率（内定を承諾）	○○%
決定数	貴社に決定する人数	○○○名

例えば、社員のリクルーターの数がどれぐらいなのか、自社のリファラルの制度をどれくらい認知しているのか（認知率）、友人にどれくらい声掛けをするか（紹介社員数）、声を掛けてから応募に至っている率はどれぐらいかといったKPIを立て、分析することが求められます。

こうした上流から項目を立てて指標化していかなければ、振り返った際に、「なぜ目標を達成できないのか」という課題を抽出することが困難になります。

「リファラル制度を運用してみたが、年間で10名しか紹介がなかった。なぜだろう？」と疑問を持ったとしても、原因と課題が特定できなくなってしまうのです。

安心して紹介できる『ル』ール設計

おすすめしたくなるリファラル制度設計

リファラル採用の中長期的なゴールが設計できたうえで、次に解説するのは、リファラル採用の制度設計についてです。

全社員にリファラル採用を展開すると、大手企業になればなるほど様々な質問が現場から寄せられます。そのなかには、「ルールが不明確なので声掛けをしづらい」という理由で紹介に至らないケースも多くあります。

制度設計というと、少し堅苦しく感じるかもしれませんが、「社員が安心してリファラル採用ができるようなルールづくり」が必要であるということを念頭に置きましょう。

制度設計においては、従業員が自然とおすすめできる環境づくりを目指していきます。その環境整備に必要な項目を４つ紹介します。

①適用社員の範囲

第一段階としては、適用の社員の範囲を定めます。適用社員の範囲とは、正社員、契約社員、アルバイト社員、派遣社員らのどこまでをリクルーターとするかということです。

②禁止事項や運用ルール

禁止事項や運用ルールの策定も必要です。ここでは、「協力パートナー会社からの引き抜きはＮＧ」といったトラブルのもとになりそうなことを想定し、規定しておきます。

③インセンティブ

当社の調査によれば、リファラル採用でインセンティブを導入している企業は85％ほどです。インセンティブの金額は、１～９万円が47％、10～29万円が31％となっています。

インセンティブの設定は、採用する職種の難易度や採用単価の相場に合わせて変動する傾向にあります。例えば、エンジニアやコンサルタントの場合には、30万円もの額で設定している企業もあります。一方で、飲食のアルバイトスタッフの場合は１万円程度に設定していることも少なくありません。

リファラル採用のインセンティブ設定について

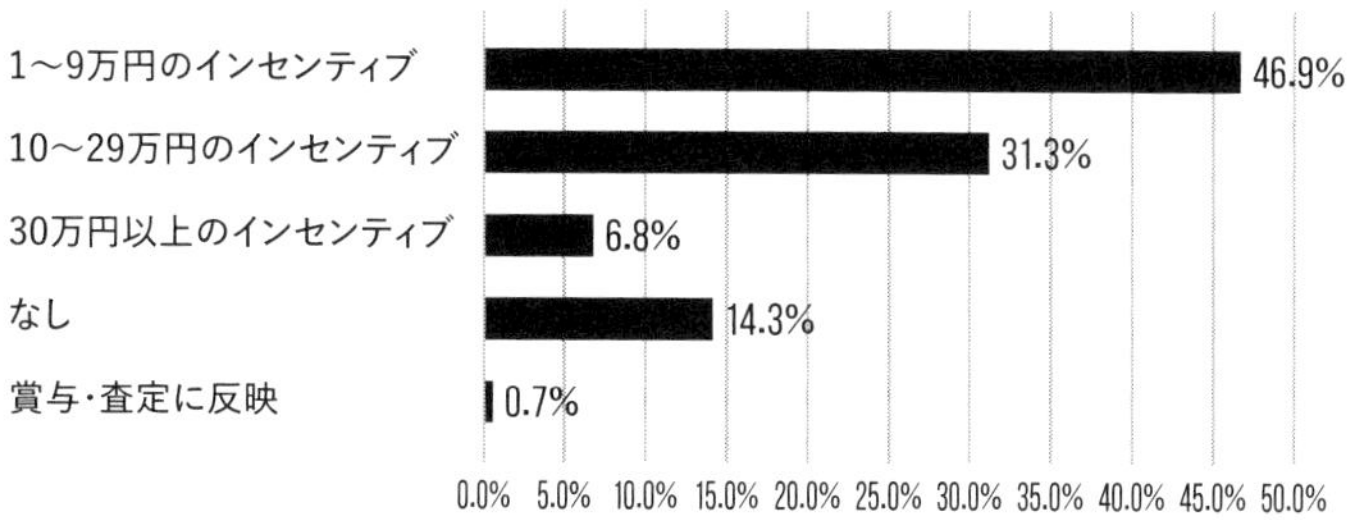

出典：リファラル採用の実施状況に関するアンケート
※MyRefer にコンタクトいただいた法人企業約 500 社に拠る

自社でほしいポストの採用単価を上回る金額をインセンティブに設定してしまうと、そもそもの採用コスト削減のメリットがないため、傾斜をつけて検討している企業が多いのが実情です。

こうした制度の詳細については、以降の図のように整理して、社員にも周知していくことが重要です。

リファラル採用制度に関する周知の掲示サンプル

リファラル採用制度詳細についてのお知らせ

＜リファラル採用制度とは？＞
「リファラル採用」とは、自社をよく知る社員が、自社にマッチする人材を紹介する、社員の人脈を活用した採用手法です。

本制度は、社員の皆様にリクルーターとなっていただき、各自の人脈のなかから求める人材を探し、候補者ご自身の意思に基づき当社へ応募いただけるよう惹きつけ、応募者を集め採用につながることで貢献インセンティブを支給する制度です。

候補者から応募いただき、「紹介コメント（推薦文）」を提出いただいた後の選考プロセスは、通常のキャリア採用の選考プロセスと同様となりますが、ご紹介いただいた方は書類通過とし、全員面談を実施いたします。
（紹介者である皆様が選考プロセスに関与することがありませんので気軽にご紹介ください）

＜適用範囲＞
・当社に在籍する正規従業員及び契約社員の方

＜リファラル採用対象者＞
・ご自身の学生時代のお知り合い
・ビジネスを通じて知り合ったお知り合い
・前職や同業界で働いているお知り合い
・その他つながりのあるお知り合い

下記に当てはまる方は原則、紹介対象外とさせていただきます。
・当社グループ社員・当社元社員
・ビジネスパートナー（派遣社員含む）／顧客企業・組織

＜禁止行為＞
紹介者の勧誘行為が以下の行為に該当する場合、リファラル採用インセンティブは支給しない。
(1) 業務に影響をおよぼす行為
(2) SNS での拡散などを通じ、実際の友人・知人以外にみだらに紹介を促進する行為
(3) 公序良俗に反する方法での勧誘
(4) 会社へ虚偽又は不正確な情報の提供をする行為
(5) 紹介者が被紹介者に対し秘匿性の高い、会社の機密情報を提供する行為
(6) その他本ガイドラインの趣旨に反すると会社が判断する行為

＜ご協力の際の御礼について（インセンティブ・報奨規定）＞
本制度を通じた採用 1 名の成立につき、10 万円を紹介社員に対して支給（支給は 5 回／年度迄。）
支給日：紹介者の入社 3 ヶ月を経過した翌月の給与支給日

＜リファラル会食制度について＞
事前に申請をしていただき、人事から承認をした場合、リファラル会食経費は支給いたします。

・MyRefer 上でリファラル会食事前申請
・事前承認（人事）
・1 名あたり 5000 円／ランチの場合は 2000 円
・1 会食あたり、5 名迄参加可能（最大支給額 25000 円迄）
・実施後、応募や採用につながるかは置いておいて MyRefer 上で結果を報告
・当月最終営業日までに申請後、最終承認が完了した場合、経費申請の実施をお願いいたします。

リファラル採用におけるインセンティブの実態

リファラル採用において、インセンティブ目的で友人に声を掛ける社員はどれくらいいると感じますか？

驚かれる方もいるかもしれませんが、インセンティブ目的で友人に声を掛ける社員は２割にも満たないという研究結果があります。

海外でリファラル採用を実施している企業のリクルーター１，６００名をランダムに取り上げ、紹介動機について調査した結果によると、「ボーナス収入を得たいから」と回答した社員は11％であり、「友人の力になりたいから」「自社でともに働く人材の選択に自分も関わりたいから」「会社に貢献したいから」のような、その他の理由が多数を占めました。日本においても２０２０年に当社が同様の調査を実施しましたが、ほぼ同様の結果が得られました。

金銭的ボーナスで動く社員は全体の１割ほどであり、リファラルの動機の５割以上が「友人の力になりたい」というそれ以外の理由なのです。そのため、インセンティブ制度を設計しても社員がアクティブに動くわけでもない、という認識を前提として押さえておきましょう。

なお、インセンティブに関しては、「金額が高すぎると紹介者の質が下がる」という研究結果も出ています。リファラル採用では、社員の友人に対する気遣いと会社への気遣いの両方があるからこそ、マッチングの質が高まります。インセンティブ目当てでの紹介になれば、そのバランスが崩れてしまいます。金額がある一定レベルを超えると、友人と会社への気遣いよりも、自分が得られるメリットのほうが大きくなるということでしょう。

採用コストへの懸念もあるでしょうから、高額にすればするだけそのデメリットもあるということは覚えておいてもよい点です。

とはいえ、紹介してくれた社員に対して、最も感謝のメッセージを伝えやすいのはインセンティブではあります。表彰など他に感謝の思いを伝える方法があればそれでもよいでしょう。ちなみにインセンティブについては、「紹介した友人・知人の入社3ヶ月後に●万円を支給する」という設計が一般的です。ただ企業によっては、入社6ヶ月後のケースもありますし、紹介してくれた時点でギフトを渡す企業もあります。そこは企業の考え方次第といえます。

インセンティブ設計の実例

業界・企業	社員規模	インセンティブ支給方法
人材系	約5千名	■支給対象：採用決裁権を持つ役員級以外の従業員 ■支給金額：10万円（一律） ■支給時期：ご友人が入社後、試用期間3ヶ月が終了した翌月 ■支給方法：組織貢献インセンティブとして、給与支給
人材系（特定技術派遣）	約7千名	■支給対象：部長職以上の管理職を除く、全従業員 ■支給金額：面談実施：1万円／採用決定：5万円 ■支給時期：ご友人の入社月に、紹介従業員に支給 ■支給方法：社員紹介礼金として、給与支給
メーカー	約1万5千名	■支給対象：全従業員 ■支給金額：MyRefer ギフト500円〜5000円 ■支給時期：推薦コメント入力完了時／ご友人入社日 ■支給方法：ギフトを支給（雑所得として処理）
Web・Net系（某大手EC企業）	約3千名	■支給対象：役員を除く、全従業員 ■支給金額：10〜80万円（職種、オファーグレードによる） ■支給時期：ご友人の試用期間3ヶ月終了後、次の賞与支給時 ■支給方法：社員紹介賞与としてインセンティブ支給
金融（銀行）	約3万名	■インセンティブは支給せずに実施 ※全行員を対象として、リファラル採用をやっているわけではないため、不公平感が無いように、インセンティブは設計せずに実施。

重要なことは、インセンティブを渡す以上に、インセンティブを含めたストーリーを設計することだといえます。

なお、紹介インセンティブの設計に関して法的な留意点をより詳しく知りたい方は、巻末付録「リファラル採用の法的な留意事項」をご参照ください。

金銭ではなく野球チケットを提供したＳａｌｅｓｆｏｒｃｅ

日本ではまだあまり例はありませんが、海外では、金銭的インセンティブ以外のボーナスを設定してリファラル採用を推進しているケースがあります。

Ｇｏｏｇｌｅでは、金銭的なインセンティブを2倍にしたものの紹介数が増えず、非金銭的なインセンティブを提供したところリファラル採用が伸びたという事例も報告されています。

また、Ｓａｌｅｓｆｏｒｃｅでは金銭ではなく体験価値を重視し、従業員向けのリワードとして野球のチケットを提供しています。

アクセンチュアは、紹介動機の大半が「誰かの役に立ちたいというホスピタリティ」であることに着目し、従業員が紹介をして得られるボーナスの一部を寄付することで、従業員の利他意識に働きかけています。

従業員に現金を提供することが、常に最も効果的なインセンティブになるとは限りません。特にZ世代が職場の大半を占めていく今後の社会においては、インセンティブの背景にあるス

金銭以外のインセンティブ例

賞品ボーナス	ギフトカードやスマートデバイスなどの賞品を提供。
体験報酬ボーナス	スポーツ チケット、コンサートチケット、スパ体験、ジムのメンバーシップ、劇場のチケットなど従業員が選択できる報酬。体験報酬は名前が示すように、旅行体験、健康体験、さらにはスパ体験などの「体験」を提供する。事前に従業員を調査して、従業員が最も楽しめる経験の種類を理解することで、より効果的な動機付け施策として用いることができる。
休暇ボーナス	リファラル採用の特別休暇や、それに加えた旅費（交通費・ホテル宿泊費など）を会社が提供する。従業員に休暇を提供することで、生産性が向上するというメリットも狙える。
チャリティ紹介ボーナス	紹介ボーナスの全額または一部を、従業員が選択した慈善団体に寄付できる制度。寄付先は、自社のビジネス価値や会社のビジョンと一致する慈善団体を選択することがより効果的になる。

トーリーこそが重要になります。自社の企業文化に適した、ストーリーに合わせたインセンティブが求められるのです。

このように、海外では金銭以外のリファラルボーナスを設定している事例も出てきているため、今後は日本においてもユニークなインセンティブが登場していくかもしれません。上の表に、金銭以外のリファラルインセンティブの例をご紹介しておきます。

「うちにおいで」のハードルを下げるリファラル会食制度

会食制度は、より広くリファラル採用実施したいと考えている企業が導入している制度です。例えば、友人と会食に行く際に、「5千円の会食費が支給される」といった設計をすることです。

リファラル採用を推進していくうえでは、従業員が友人・知人へ声を掛けるハードルを極力下げることが重要です。このハードルを下げる施策として、会食制度は有効なのです。

とはいえ、単なる飲み会の支払いなどの不正利用とならないような制度設計は必要です。例えば、「○月○日に、△△会社の××さんと会食」という事前申請を必須とし、事前承認を得ることとするのです。

会食後には、リファレンス・コメントとして「××さんは転職意向があった」「現在は転職する気はないが、半年後には興味持ってくれるかもしれない」「××さんは○○の点で優秀なので▲▲部門におすすめ」といった内容を記入してもらい、それを人事担当者が管理する運用が考えられます。

また、今すぐ転職を考えているわけではないけれど、従業員の優秀な友人・知人のデータベースを蓄積したいという時にも会食制度は有効です。

少数のベンチャー企業などの場合、つながりの数にも限りがあるため、リファラル採用を推進したことで、「転職を検討しそうな友人データが枯渇した」という状態になることも考えられるでしょう。その際に、「現在は転職を考えてないけれど優秀層」の人材データベースは活きてきます。

心理的負荷を下げる運用『フ』ロー設計

スモールスタートで実績を出す

続いて、リファラル採用の運用フローを設計します。

運用フローを最初に検討するうえで重要なことは、「どこまでの社員を巻き込んで開始するか」を設定することです。

私は、リファラル採用には全社員を巻き込むことを推奨しています。

しかし、新たな取り組みに対して全社員を巻き込むとなると、大企業になればなるほど担当者の負荷は大きくなるでしょう。

そんな時に重要なことは、いきなり全社展開をせずに、採用課題の大きそうな部門からスモールスタートをし、実績を出してからその後に全社展開をするという運用です。

実際に従業員数3万名規模の大手メーカー企業が、まずは数千名の事業部門から利用を開始し、社員からのQ&Aなどを踏まえて制度をブラッシュアップ、それから全社員を巻き込んで成功を収めた事例もあります。

スモールスタートで実績を出してから全社展開する取り組みは、制度をブラッシュアップするうえでも、経営陣を巻き込むうえでのエビデンスづくりの事前運用という観点でも有効です。

心理的負荷を下げる紹介フロー設計

社員の視点に立てば、リファラル採用は主業務ではありません。いってしまえば任意のサブ業務であり、やらなくてもいいことです。そう考えると、社員に極力負荷のかからないフローを策定することが必要だということが見えてくるでしょう。

友人・知人に自社を紹介するうえでのハードル

Q. 友人・知人に自分の会社を紹介するうえで、どのようなことがハードルになりますか。

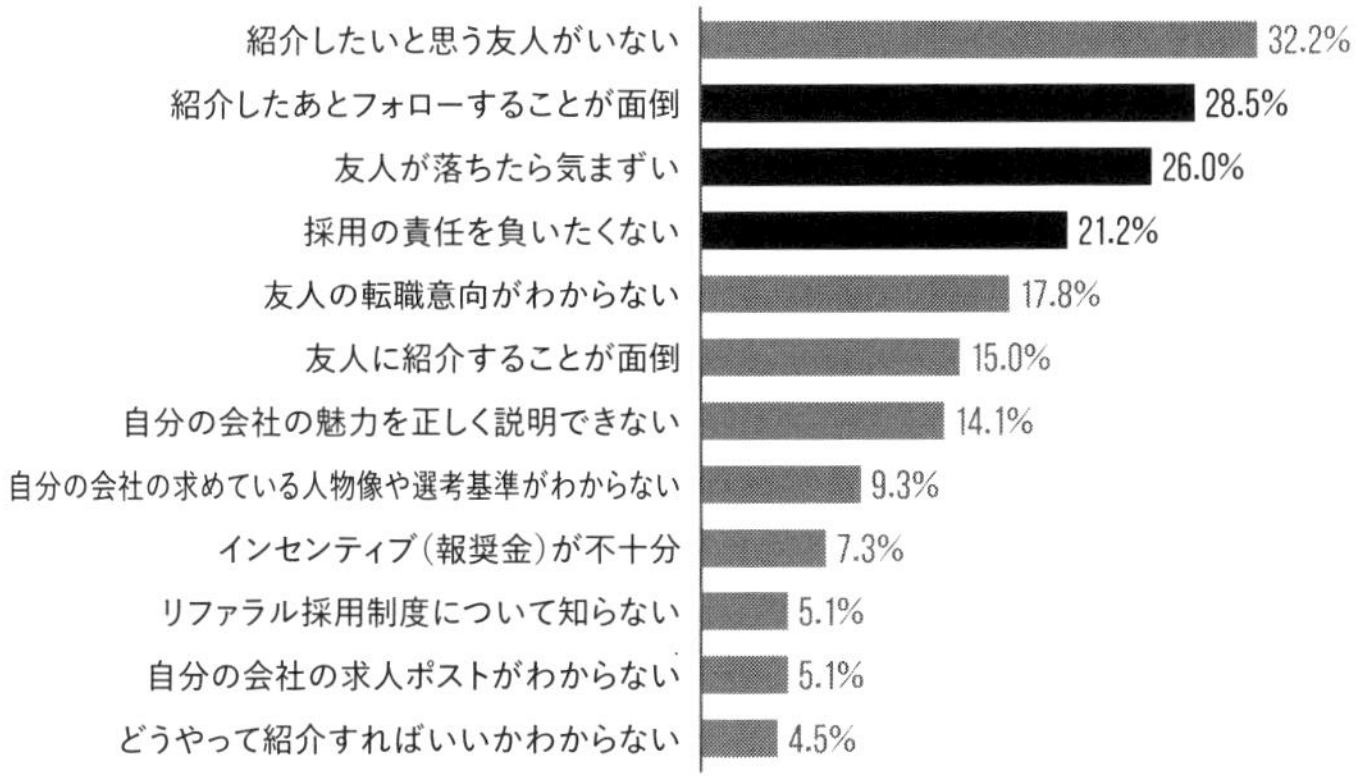

出典：MyRefer利用者調べ（N=354人）

では、社員の負荷とは何かというと、大きく「心理的負荷」と「業務の工数としての負荷」の2つが挙げられます。

「心理的負荷」は、「友人を紹介したのに即NGだったら、友人との関係にヒビが入ってしまわないだろうか」といった不安です。こうした心理的負荷を軽減するには、「大切な社員の友人なのでいきなり書類選考で落とすようなことはせず、カジュアルに1度はお会いします」などの人事の意向を表明しておくことです。また、もし不合格だったとしても、何がミスマッチで採用を見送ったのか、その内容をしっかりとフィードバックします。

「業務の工数としての負荷」を軽減するための第一歩は、社員が自社の求人情報を認知しやすくしておくことでしょう。リファラル採用の情報が色々なところに散乱していたら、それを見るだけでも一苦労です。社内のポータルサイトにリファラル採用の専用ページを設けるなど、情報を一本化しておきましょう。

加えて、あまりに煩雑な手続きを求められると、「忙しいしやめておこうかな」と紹介する気持ちが萎えてしまいます。例えば、友人紹介推薦状を書いて、人事に共有をして、友人のメールアドレスを取得して……といった幾重にも手続きが必要になると、誰でも「面倒だな」と感じるものです。必要な管理はしつつも、どうすれば紹介者の手続き負荷を減らせるか、検討していくことが大切です。

「誰でもいいから紹介してほしい」は「誰も紹介してくれない」

どのような人材を紹介してほしいのか、リファラル採用のターゲットとなるペルソナの解像度を高めていくことも重要です。「誰でもいいから紹介してほしい」では、安心して紹介することができません。

例えば、あなたが友人から、「困っているので誰でもいいから紹介してほしい」といわれてすぐに動けるでしょうか？

人間は誰しも「誰かの役に立ちたい」というホスピタリティを持っています。

実際に、リファラル採用で紹介する動機の上位は「友人の力になりたい」という理由であることは前述しました。紹介する社員側の立場に立てば、会社の役に立ちたいと同時に、友人の役にも立ちたいという気持ちを抱くはずです。

そんななか、友人の携わるミッションが不確定では安心して声掛けできません。

「営業のポストで人を探しています！」ではなく、「法人営業経験があり、商品に依存せずに企画提案ができるような人材を探しています」のほうが、業務内容やほしい人材像のイメージがつきます。

「この友人にぴったりだ」とパッと聞いて浮かぶくらい、採用要件のペルソナの解像度を上げましょう。

3Cから考える採用ペルソナ

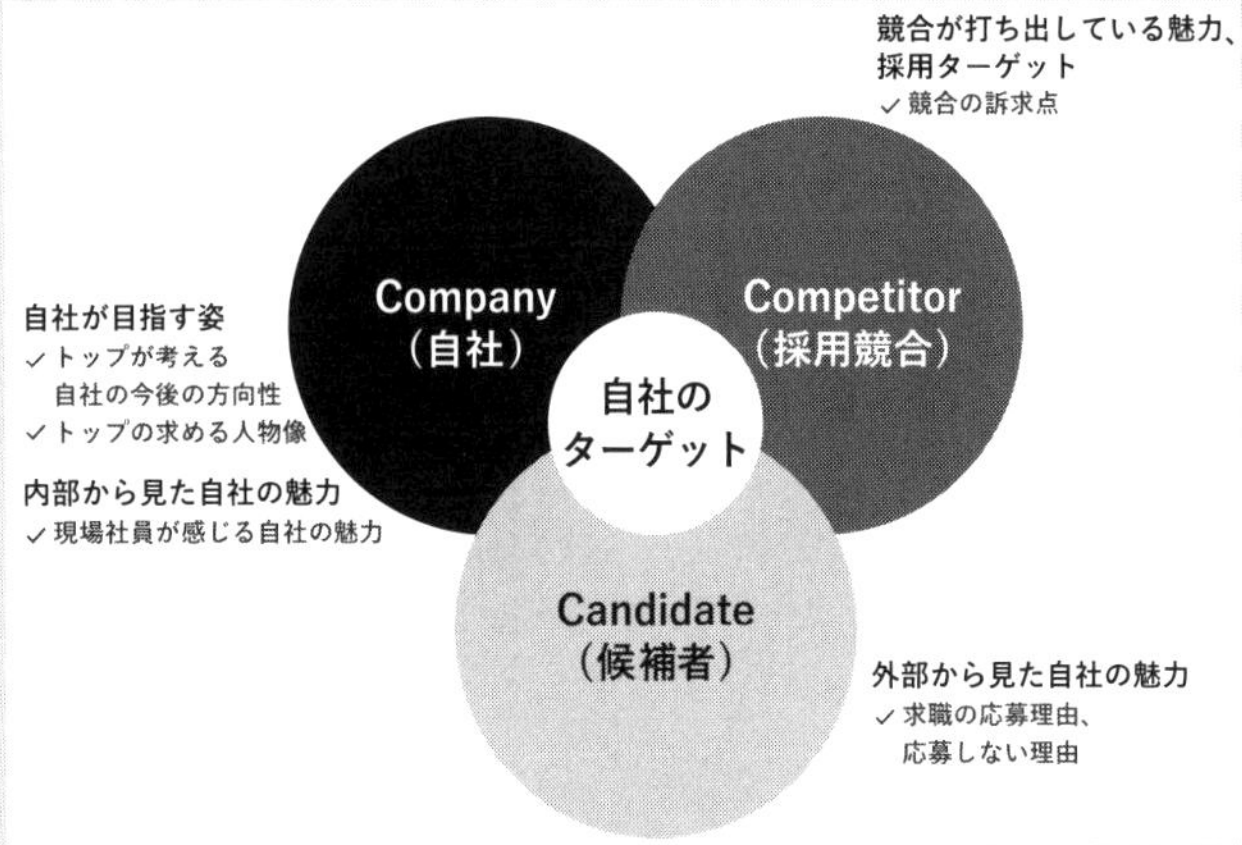

ペルソナの設定は、「自社が採用したいターゲット」と「自社が採用できるターゲット」の折衷案で描いていく必要があります。この場合、マーケティングの概念を用いた3C分析が効果的です。採用における3C分析は「Company（自社）」、「Competitor（競合）」「Candidate（候補者）」の「3C」で整理します。3つのCが重なり合う部分に、自社のペルソナを見出すことができます。

加えて、具体的に「BEST」「BETTER」でペルソナを示します。そこには、年齢、職歴・スキル、転職理由や何を大事にしているかの軸などを示し、さらに、こうしたターゲットに響く「魅力訴求のワード」も添えられると効果的です。

営業職であれば、ＢＥＴＴＥＲは「30代、法人営業経験があり」、ＢＥＳＴのペルソナは「30代で、法人営業経験が2年以上で、かつ人材業界における法人営業経験がある方」といった要件を示しておくのです。

ペルソナの設計ができると、次はこれらの情報を従業員に広報していきます。

これは外部の人材紹介会社を活用する際にも共通することですが、ベストなペルソナを設計することで、紹介者から見えるターゲットの解像度が上がり、紹介される候補者のマッチング率が向上します。ただし、条件が狭すぎて紹介をするハードルが高くなりすぎるという反作用もあります。また、ベストな条件を満たしていないものの優秀であるという候補者を取り逃す可能性もあります。ゆえに、「本来ベストなペルソナは●●ですが、法人営業経験があれば幅広でお声掛けください！」というコミュニケーションを意識することがポイントです。

そうすると、従業員は彼らの友人・知人でペルソナに合致する人がいたら、「これは！」と声を掛けるようになっていきます。

ペルソナの設定

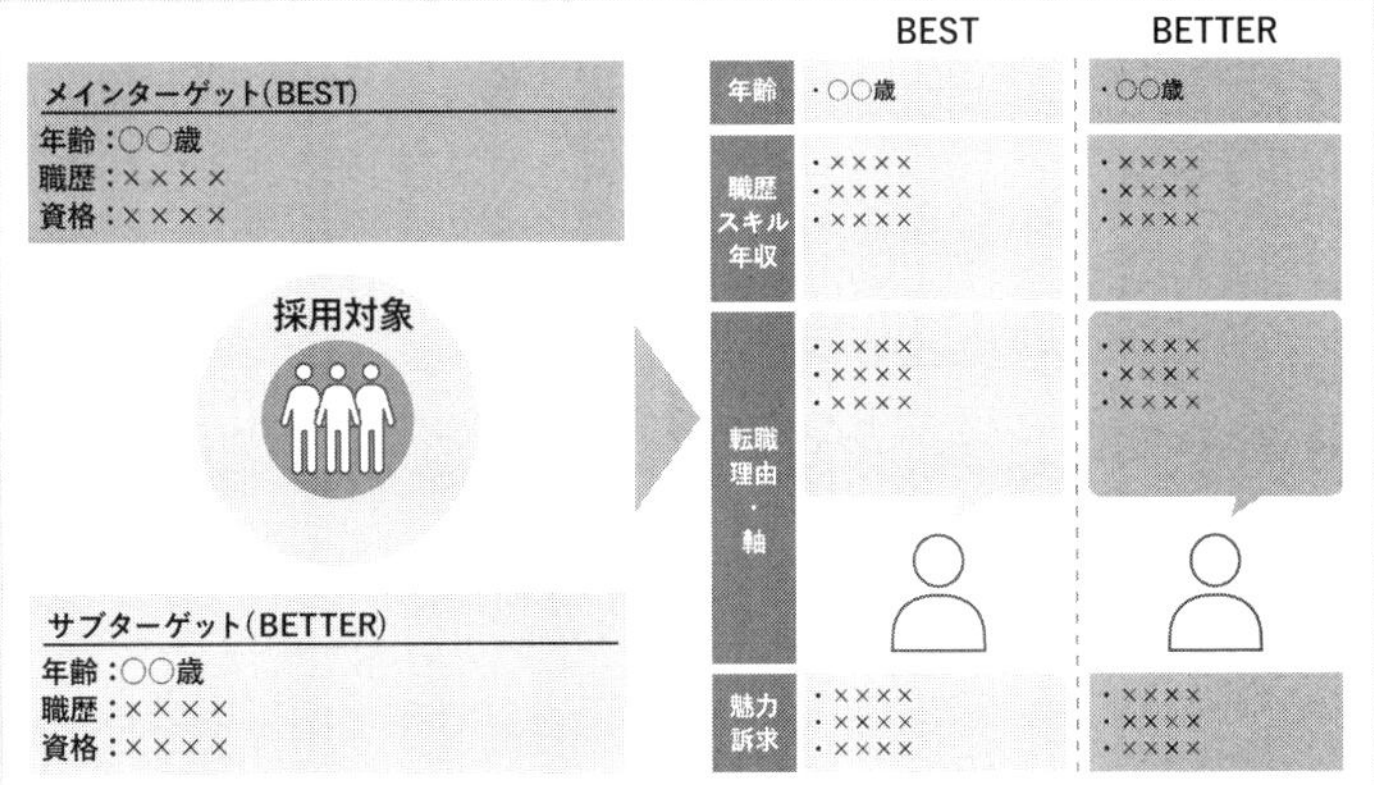

ただし、大企業の場合にはリファラル採用で採りたいポストが１００以上あるケースもあります。そのため、「1ポストずつ個別にペルソナの設定はできない」という場合もあるでしょう。

ここで認識いただきたいことは、ペルソナの設定は、紹介確度を高めることに加え、『あくまで社員が声を掛けるハードルを下げること』が目的だということです。そう考えると、「まずは全員のリファラル採用への参加率を高めるために、『必要最低限』な条件だけを広報しよう。その後、意欲的な社員から質問があった際にはより詳細な情報を伝えていこう」、といったアイデアが浮かぶはずです。

繰り返しますが、大事なことはペルソナを精緻に磨き上げることではありません。従業員が動きやすい制度設計を目指してください。

第4章

社員がおすすめしたくなるフレームワーク

実践編

リファラル採用にマーケティングの視点を

これまでリファラル採用の導入準備と制度設計・運用のフローについて具体的な方法をお伝えしました。本章では、導入を皮切りに、いかに従業員に対してリファラル採用を推進していくかについて解説していきます。

前提として、Z世代の社会進出やコロナ禍によるリモートワークの増加に伴い、組織のあり方が大きく変化したことはお伝えしてきました。

リファラル採用は人事だけで完結する取り組みではなく、経営陣・社員・その先の候補者（友人）を巻き込む取り組みになります。だからこそ、それぞれのステークホルダーの立場に立ち、どのタイミングで何がネックになるのか、どうすればより動いてくれるのかを考える必要があり、とりわけマーケティング視点を持つことが求められます。

そのなかでも、紹介活動の最初の起点となる「従業員体験」は最も重要なポイントです。まずはリファラル採用を推進していくうえでの従業員からの視点に着目してみましょう。

リファラル採用の推進は〝従業員体験〟がカギ

従業員体験（エンプロイ・エクスペリエンス）とは、従業員が会社のなかで働くことを通して得る全ての経験のことを指します。従業員エンゲージメントが「結果」であることに対して、従業員体験は「原因」であり、入社前面接、研修、通常業務、異動、福利厚生利用などのすべてのタッチポイントにおける体験のよさを表します。

通称、ＥＸと呼ばれるこの概念は、従業員の満足度やエンゲージメントを高める重要な要素として近年大きな注目を浴びており、ＧｏｏｇｌｅやＦａｃｅｂｏｏｋをはじめとする多くの海外企業が、ＥＸを高める施策を積極的に取り入れています。実際、２０１７年に発表された『Harvard Business Review』では、ＥＸを充実させるために投資をしている企業のほうが、そうでない企業に比べて４倍もの利益を創出していることを明らかにしています。

従業員体験は昨今、人的資本開示の流れや雇用の流動化により、日本でも注目されつつあります。しかし先述のとおり、コロナ禍での働き方のシフトにより、企業はよい従業員体験を生み出しにくい状態に置かれています。

エンゲージメントと従業員体験

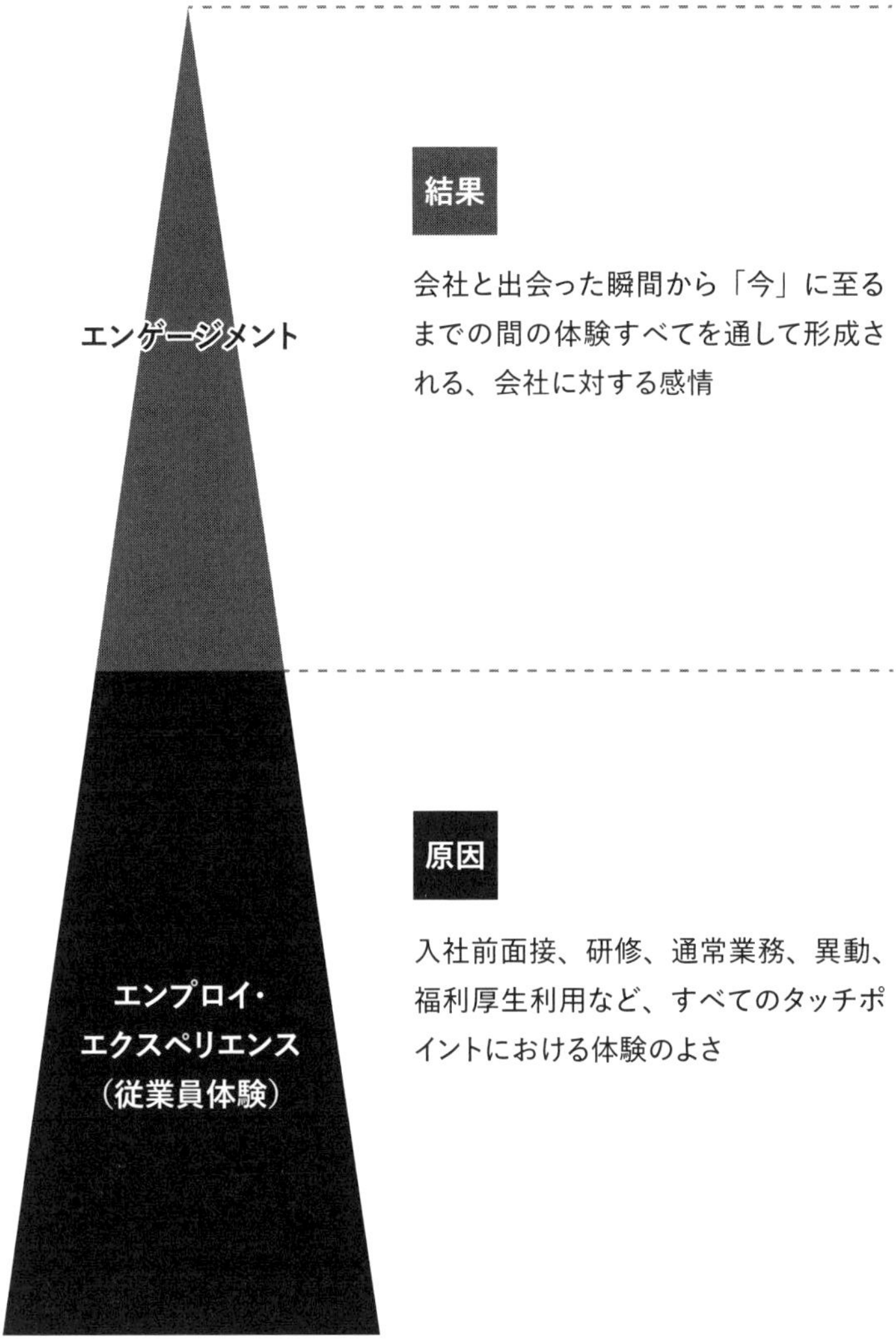
エンゲージメント
結果
会社と出会った瞬間から「今」に至るまでの間の体験すべてを通して形成される、会社に対する感情
エンプロイ・エクスペリエンス（従業員体験）
原因
入社前面接、研修、通常業務、異動、福利厚生利用など、すべてのタッチポイントにおける体験のよさ

通常、求人広告や人材紹介などの外部リソースを活用した採用では、人事は従業員を巻き込まないので、基本的に従業員体験は生まれません。

リファラル採用では社員が採用に向けて実働するため、自社のことが「自分事」となり、従業員体験が創出されます。また、その先の候補者もミスマッチなく応募し、選考中も社員のサポートもあることで候補者体験がよくなります。

だからこそ、リファラル採用を上手く推進できれば全員のエンゲージメントを高めることにつながるのです。しかしその分、他の採用手法よりも「複雑性が高い」体験になりやすいという側面があります。

そこで、リファラル採用導入に際して大事になってくるのが、「エンプロイ・ジャーニー(employee journey)」を描くことです。

エンプロイ・ジャーニーという考え方

エンプロイ・ジャーニーとは、直訳すると「従業員の旅」で、従業員が入社してから退職し、OB・OGになるまでの道のりを指します。

マーケティングの領域においても、昨今は消費者行動が複雑化するなかで、顧客が製品・サービスと出会い、そこから購入・契約に至るまでの道筋を描く必要があり、その道程を「カスタマー・ジャーニー」と呼びますが、その「顧客」が「従業員」に変わったイメージを持っていただけるとわかりやすいかと思います。

ここでは、リファラル採用における従業員の感情の動きをエンプロイ・ジャーニーとして見ていきましょう。

次の図は、リファラル採用のフェーズ毎に発生する従業員の感情と、その感情の背後にある問題を図示したものです。「とりあえずインセンティブを設計すれば動くだろう」と思っていた方も、これを見ると、いかに複雑な体験なのかよく理解できるのではないでしょうか。

例えば、リファラル採用の告知を人事が行うと、それを従業員が認知します。この段階では、ちょうどよいタイミングで友人から転職の相談がなされた、といったことがなければ、自ら動こうとする社員は少数に留まります。メリットがなかったり「面倒くさいな」と感じてしまったりすると、社員は動きません。この壁を越えるには、メリットとなるインセンティブがあることが示されていたり、「面倒くさい」というハードルを下げるためにわかりやすいフローが示されていたりする必要があります。

また、友人に声を掛けた後は、「もし友人が不合格だったら気まずい」「選考フローに乗っかったようだけれど、どうサポートすればいいんだろう」などの懸念が生まれていきます。

友人が不合格だった場合、「どのようにアフターフォローすればいいか不安」という気持ちも生まれるでしょうし、合格だった場合は、「ともに喜びを分かち合いたい」という感情も生まれるでしょう。第2章の「戦わない採用TIPS①」で紹介した「友人とのアフターフォロー会食〝ごめんね飯〟」などもこの感情を応用したものになります。

リファラル採用において、社員が自社の制度を認知して参加しようと思ってから、実際に友人に声を掛け、応募意思を獲得して決定するところまで、これほどまでに多くの感情が発生するのです。

リファラル採用のエンプロイ・ジャーニーは、従来の人材紹介や求人広告と比較して、圧倒的に複雑性が高いといえます。そのため、従業員にとってどのような「体験」となるのかを意識して丁寧に設計をしていく、採用マーケティングの考え方が求められるのです。

応募獲得する 友人が選考に進む	採用決定 友人が承諾する
・友人・知人が受かるかマッチするか心配。 ・NG だった場合、人事がちゃんと対応してくれるか心配。 ・友人・知人のために何かできるだろうか？ 今選考プロセスはどこまで進んでいるのか？	・友人・知人に「おめでとう」と言いたい。 できれば会って直接祝いたい。 ・友人・知人が早く職場に馴染めるよう、何かしてあげたい。
サポートしてあげたい	**喜びを分かち合いたい**
・選考プロセスがわからない。 ・フィードバックがないので今どうなっているか、何が理由で NG なのかがわからない。	・友人・知人が NG だった際にどのようにフォローするか気まずい、不安

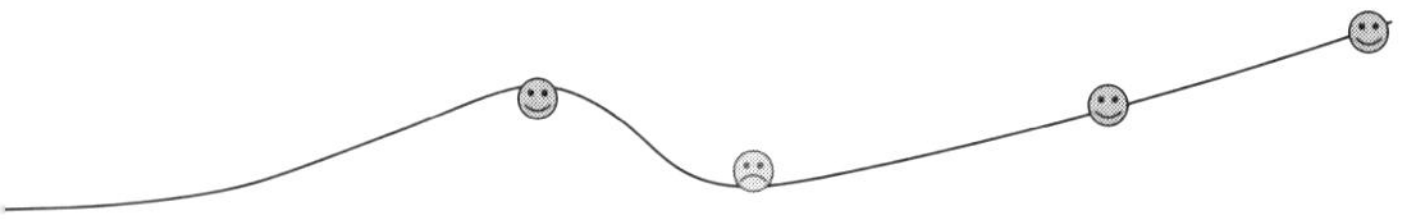

リファラル採用におけるエンプロイ・ジャーニー

フェーズ（story）	リファラル採用を認知する	社員紹介制度に参加する	友人に声を掛ける人事に紹介する
感情（feeling）	・人事からメールが飛んできた。 ・友人紹介をやっていることを認知。	・周りに困っている友人もいないし自分の業務ではない。 ・インセンティブがもらえて評価にも入るなら積極的に動いてもいい。 **メリットがない** **面倒くさい**	・自分が声を掛けられる友人はいないのではないか。 ・どのようにして声掛けすればいいのか、わからない。 **候補者がいないと思い込んでいる** **イメージが湧いてこない**
問題（problem）	・直近で転職に困っている友人がいない。 ・サポートしたいと思わない。 ・評価にならないため、優先順位が上がらない。 ・リワードがないため、今参加する理由がない。	・動く理由がない。 ・友人に合った応募、対象の友人など考えることが面倒くさい。 ・声を掛けるのも面倒くさい。	・動く理由がない。 ・声掛けの仕方がわからない。 ・転職意向がわからないので責任がかかる。

状態

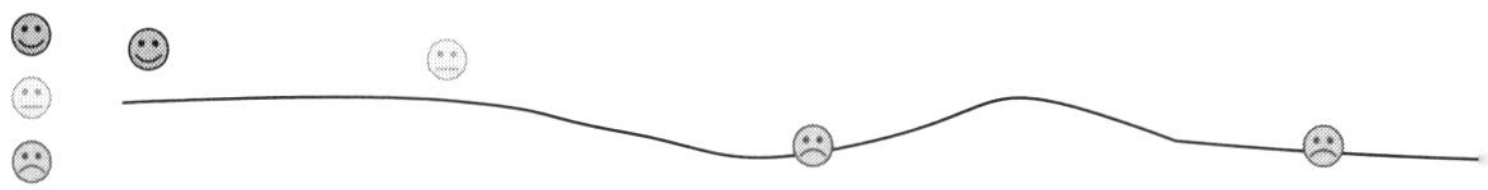

リファラル採用3.0を実践するフレームワーク

これらの複雑な従業員体験を踏まえたうえで、リファラル採用3.0を成功に導くシンプルなフレームワークをご紹介します。社員をファンにするリファラル採用3.0は「認知→共感→行動→ファン化」の4つのステップに分けることができます。

まずは、リファラル採用の制度を従業員に認知してもらわなければなりません。続いて、認知だけではなく、実際に声を掛けて、共感してもらう必要があります。そこから、さまざまなハードルを下げて行動してもらい、さらにまた参加したくなるようにファン化をしていきます。

以降で、それぞれのステップについてご紹介します。

リファラル採用の4ステップ

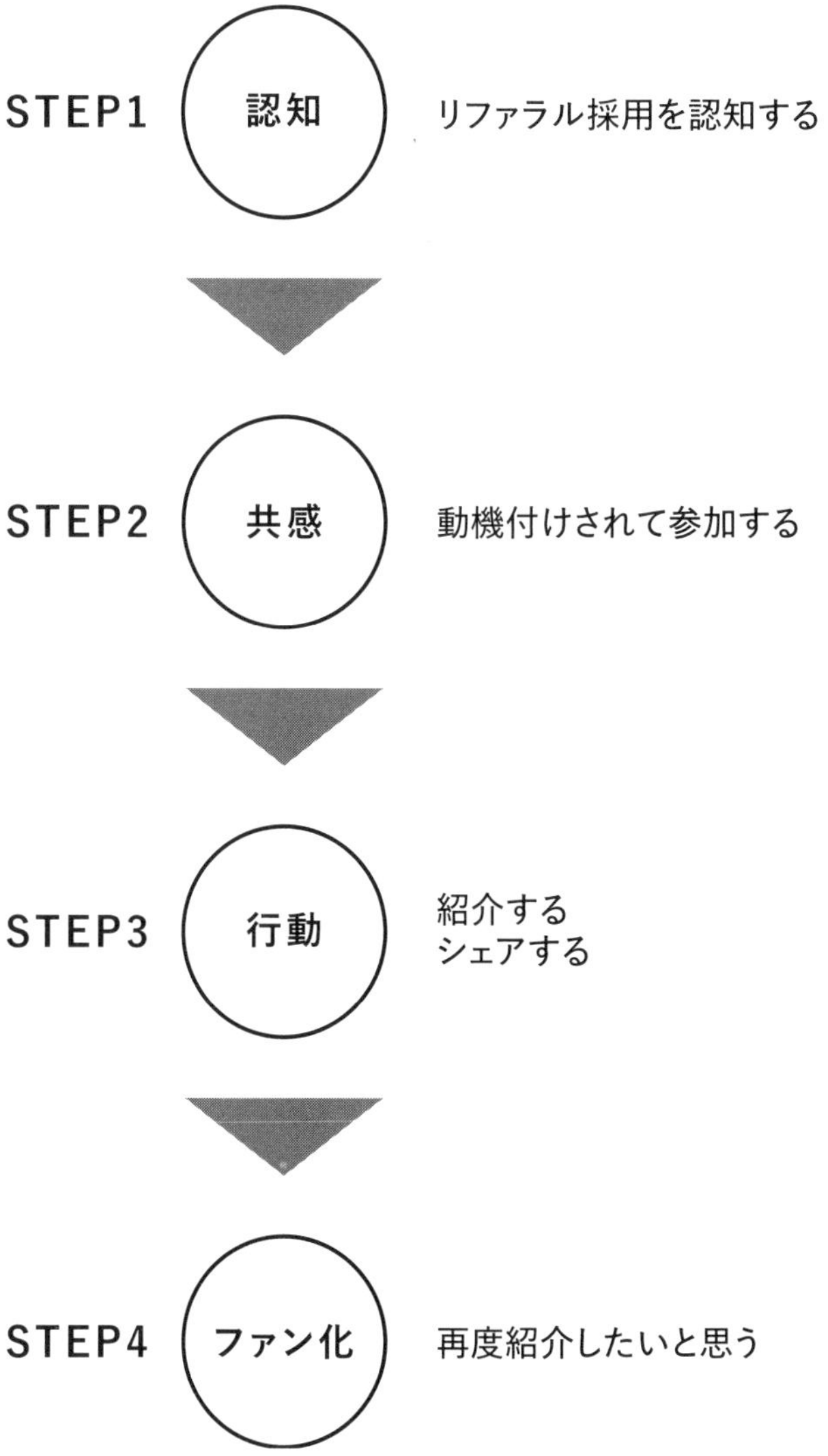

STEP①認知

人間は1週間で77%の物事を忘れる

これまで当社では累計100回を超えるリファラル採用のセミナーを開催しておりますが、そこで毎回「自社の従業員はリファラル採用制度についてどれぐらい認知していると思いますか?」と尋ねると、ほとんどの企業が「みんな認知している」と答えます。例えば、「1ヶ月に1回はリファラル採用の情報を社内に出しています。そのため、従業員には制度が浸透しているはずです」とおっしゃるのです。

しかし、そのように回答した企業の従業員に向けてアンケートを取ると、制度の概要を知っている方が40%、友人入社後3ヶ月で20万円のインセンティブが支給されることを知っていた方が17%、友人の応募意思を獲得してから友人紹介推薦状を人事に提出するというフローを知っている方が8%、マーケティング・営業・エンジニアなどの部署ごとの募集ポストを知っていた方が2%という結果となりました。

エビングハウスの忘却曲線

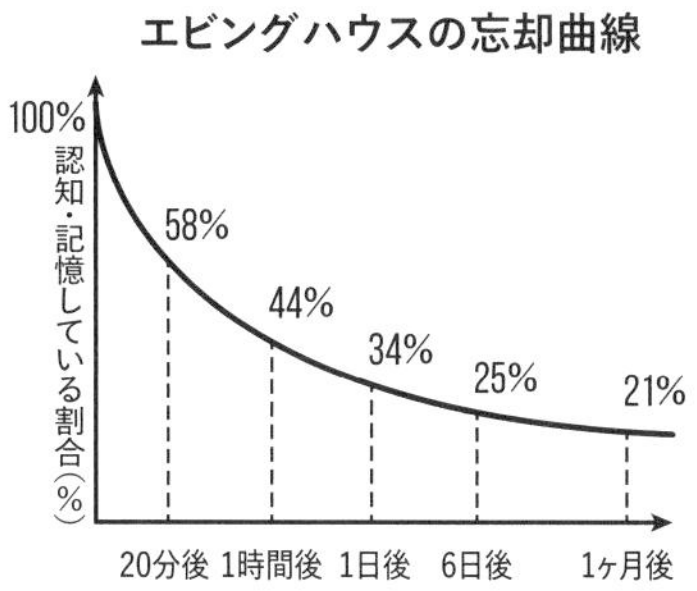

出典：https://heart-quake.com/article.php?p=9963

「エビングハウスの忘却曲線」という言葉をご存じでしょうか。人間は1週間で77%の物事を忘れるという定説です。人間は自分に関連のある情報でも8割近くの物事を忘れ去ってしまうのです。

リファラル採用は社員からすると自分の主業務ではありませんから、毎月リファラル制度を発信していたとしても、従業員には忘れ去られ、認知が進まないということが往々にしてあり得るのです。

情報の角度を変えながら、飽きられない認知活動を

狙いどおり認知の効果を生んでいくには、情報の角度を変えながら定期的に発信していくことが欠かせません。毎回同じ情報を配信すると、従業員が飽きてしまいますし、無駄な情報だと感じて「スルー」する向きも出てきます。

読者の皆さまのなかにも、毎回同じような営業案内が届く会社からのメールを迷惑メールフォルダに自動振り分けしている方がいらっしゃるのではないでしょうか？

こうした飽きを防ぐためには、例えば、リファラル採用制度の理解を促進するための情報を配信し、次は求人のペルソナ情報、リファラル採用によって入社した社員のインタビュー情報、部門からのメッセージ、社長のトップメッセージなど、情報の角度を変えながら定期的に発信していくという戦略が欠かせません。

また、「いつも友人・知人をご紹介いただきましてありがとうございます。この度は、より気軽にご紹介できるようなイベントを開催しましたので、ぜひ友人に声を掛けてください」と発信をし、1ヶ月後には「おかげさまで、イベントをきっかけに決定者が生まれました！」といった情報共有もしていきます。募集と結果をきちんと伝えていくことも、制度として実働している印象を持ってもらうための有効なアプローチです。

こういった地道な活動によって、リファラル採用の認知が進みます。これこそが、会社の文化としてリファラル採用が根付いていく第一歩となります。

リファラル採用で入社した人を目撃すると紹介が加速する

私たちが「リファラル採用制度がある企業の社員」1，532名を対象に実施したアンケート調査、ならびにMyReferのログデータの統計分析調査によると、「リファラル採用で入社した人を見た」ことは紹介実施と相関関係があることがわかりました。

周りにリファラル採用で入社した人がいると、リファラル採用を身近に感じ、入社者の「受け入れ体制」が整っていくのでしょう。

「リファラル採用の入社者に対するインタビュー記事の配信」は、効果的な認知活動の1つであり、なおかつ「リファラル採用で入社した人を見た」状態を醸成する施策となります。

会社としては、ただ無機質な情報を促すだけではなく、実際に紹介で入社した人の候補者体験、従業員体験をインタビューし、ストーリーとして社内に配信していくことが、よりよい認知効果を生むといえるのです。

STEP②共感

従業員に認知してもらい、実際に動いてもらうためには、共感を促すコミュニケーションが必要になります。共感を生むためのコミュニケーションのポイントは次の3つがあります。

【共感を生むためのコミュニケーションのポイント】

・インセンティブではなくてストーリー
・透明性の高い情報
・上位役職者を巻き込む

インセンティブではなくストーリー

86ページでお伝えしたとおり、インセンティブ制度はないよりはあったほうがよいです。しかし、インセンティブが高額になりすぎると決定する人材の質が下がるということもお示ししたとおりです。つまり、インセンティブに重きを置きすぎて、コミュニケーションをし続けるとマイナスの効果を生む可能性があるのです。

では何が重要かというと、「ストーリー」です。次の2つの訴求例を見てみましょう。

例1「社員紹介制度を始めました！　協力いただいた社員には友人が入社3ヶ月後に10万円のボーナスを支給します！」

例2「当社では●●な社会を目指して、半年で50名の採用目標を掲げています。よりマッチした仲間を集めていくには、外部のエージェントではなく、信頼する社員のリファラルが最も効果がある方法です。そこで、皆さんにはぜひ当社の顔として友人・知人に声掛け活動をしていただきたく思っています。参加いただいた社員には、友人が入社3ヶ月後に、採用貢献費として10万円を支給させていただきます。全員で会社を大きくする仲間を集めていきましょう！」

例2は、「なぜやるのか」が表に出ていて、それに加えて裏側にインセンティブがあるという「ストーリー」になっています。

“What（インセンティブ）”よりも“Why（ストーリー）”

ストーリーは、語り手（社員）本人のエンゲージメントを高め、
聞き手（友人）の推奨度も高める

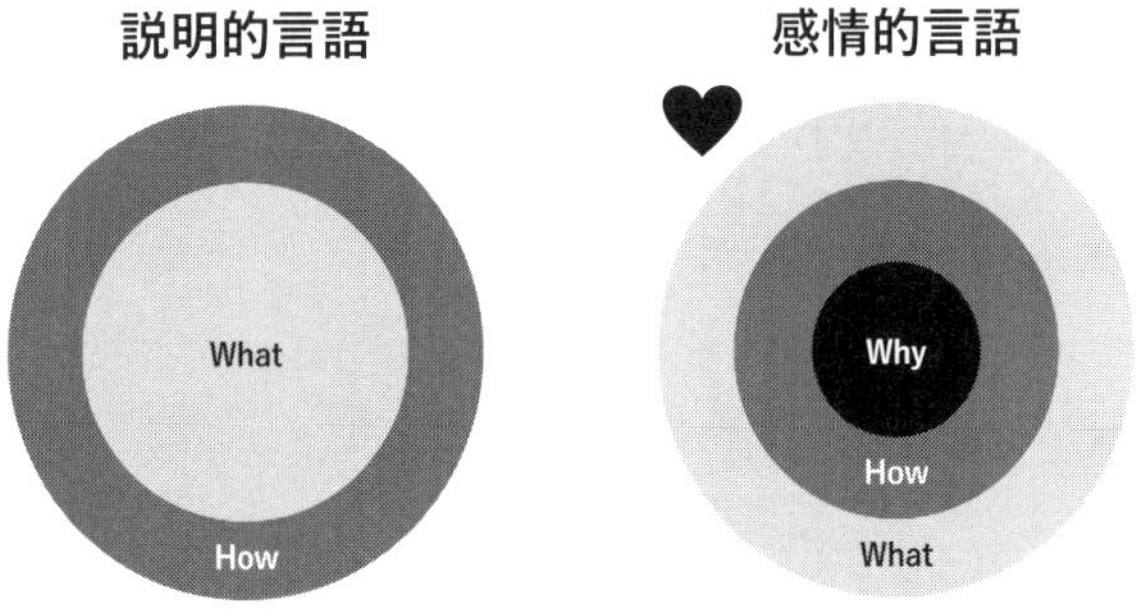

人は「Ｗｈｙ」から始まるストーリーに心が動かされるものです。例えば、子どもが勉強しない時に、「勉強しなさい」「努力しなさい」と説教をするのと、『アリとキリギリス』を読み聞かせるのとでは、印象の残り方が違います。

Ｗｈｙから始まるストーリーには、学術的に次のような効果もあるといわれています。

①Ｗｈｙから始まる感情的言語は、聞き手が出来事を追体験し、推奨度が高まる
②Ｗｈｙから始まるストーリーは、長期記憶として根付く

つまり、後者のほうが聞き手の推奨度が高く

なるのみでなく、長期記憶に根付くということです。従業員からすると主業務ではないリファラル採用だからこそ、推奨度が上がり、長期記憶に残るストーリーが重要になるのです。

透明性の高い情報

「社員はどれくらい自社を語れると思いますか」という問いかけをすると、多くの経営者や人事担当の方々は「うちの社員ならば自社を語ることくらい大丈夫です。」と回答します。果たして本当にそうでしょうか？

私たちの調査によると、実に40％近い社員が自社の魅力を伝えることが苦手であり、そのうちの多くが「人事制度やキャリアパスに関する情報」「会社の経営や事業に関する情報」などがあれば伝えやすいというデータがあります。

紹介する従業員の側からすると、自社でどういうポストを募集しているのか、募集の背景は何か、といった採用における解像度の高い情報が理解できていないと、共感して参加しようとは思いませんし、自信を持って語ることもできません。共感を得るうえでは、単に「リファラルをしてください」という発信だけではなく、リクルーティング情報の背景まで透明性高く伝播していくことが重要なのです。

経営者や人事の方々は、日々候補者と向き合って自社の魅力をＰＲしているのでうまく伝えられるのですが、現場の社員にはそうした機会はなかなかありません。そのため、社員に対して会社の魅力を伝える支援も必要になるのです。

また、人間は、ヒトやモノ、サービスに何度も触れることで、関心や好意を持ちやすくなるという「ザイアンスの法則」という心理用語があります。これは会社と従業員の関係性においても当てはまります。リファラル採用をきっかけに、自社の事業や採用に関する情報に何度も触れる過程で、エンゲージメントを高めていくことができるのです。

知れば知るほど好きになる

知るほど好きになる

ヒトは知れば知るほど
好意を持ち
知らなければ知らないほど
距離が生まれる

「そんなことはいいから数字を作りなさい」といわさない

リファラル採用の成果が出ている企業の60％は、マネジメントメンバーが協力的だという結果が出ています。つまり、自分の上司がリファラル採用に積極的でなければ紹介が起こる文化は根付きません。

ある企業では、リファラル採用が浸透しないなかで、毎回の人事会議、経営会議で「なぜうちはリファラル採用が促進されないんだ」という議題が上っていたそうです。

最初は「うちの社員は積極的に紹介する文化じゃないからリファラルは向いていないのではないか」という思い込みで議論が進行していましたが、実際にリファラル採用の実績データを取得して分析していくと、なんと管理職以上がほぼ声掛けをしていないという実態が発覚したのです。

上司がリファラルに協力的でなければ、部下が組織のことを思ってリファラル活動にコミットしていても、「そんなことはいいから数字を作りなさい」と評価されない可能性すらあります。もっというと、経営陣自体がリファラル採用にコミットすることが、リファラル採用が企業文化として根付くうえで非常に重要です。いわゆるティール組織のような会社ではあまり関

共感は上位層から巻き込む

Q. リファラル採用の成果が出ている理由は何か？

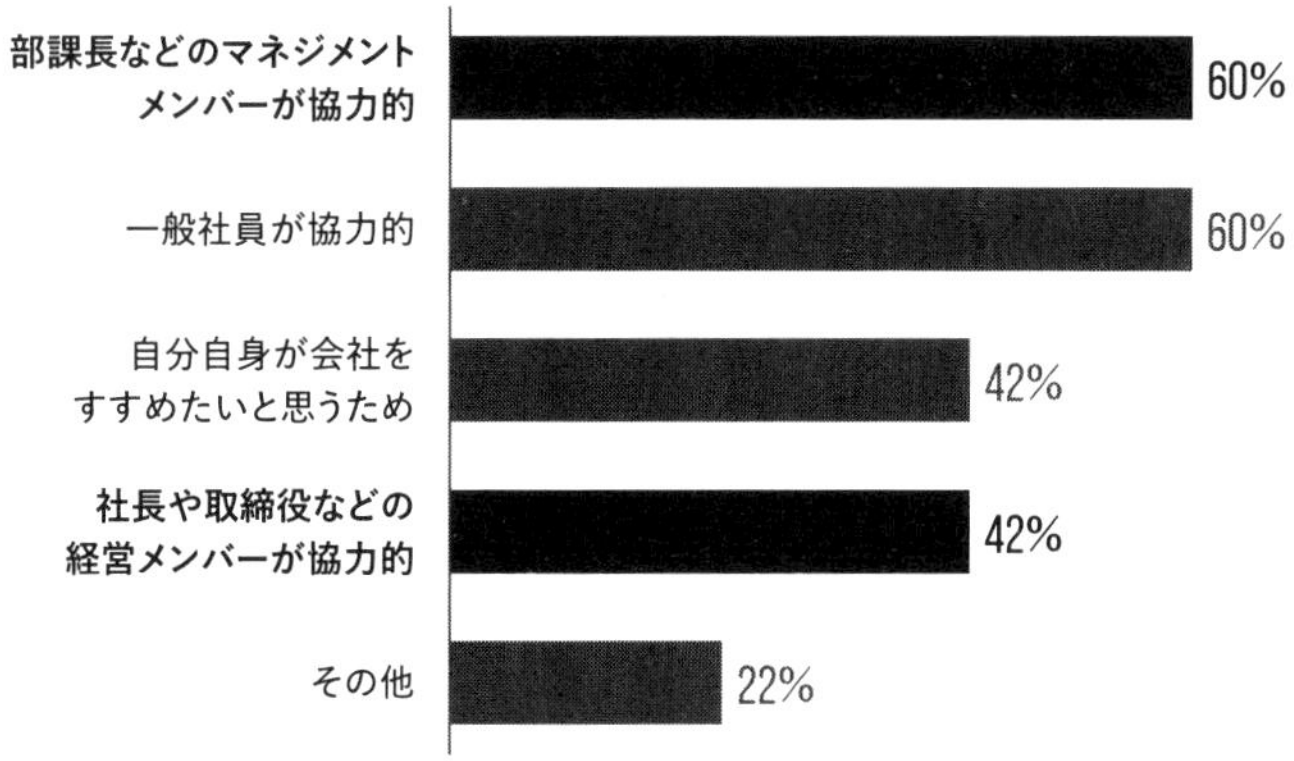

出典：2019年10月MyRefer調べ　N=50

係ないかもしれませんが、日本の大手企業では基本的に階層型の組織となっています。そのため、上司が何に価値を置いているか、どう振る舞うかなどは非常に重要になってくるのです。

米国のマッキンゼー&カンパニーが人材採用の調査結果をまとめた『The War for Talent』では、管理職の採用に対する意識と企業成長率には相関があるというデータが示されています。リファラル力、つまり仲間集め力は、リーダーの必須スキルともいえます。

管理職、ポスト管理職がどれだけ仲間集めに対する重要性を認識しているかが、企業の成長を促進し、「おすすめしたい」企業カルチャーを強くするという認識を持ちましょう。もし仮

管理職の採用に対する意識と企業成長率の相関

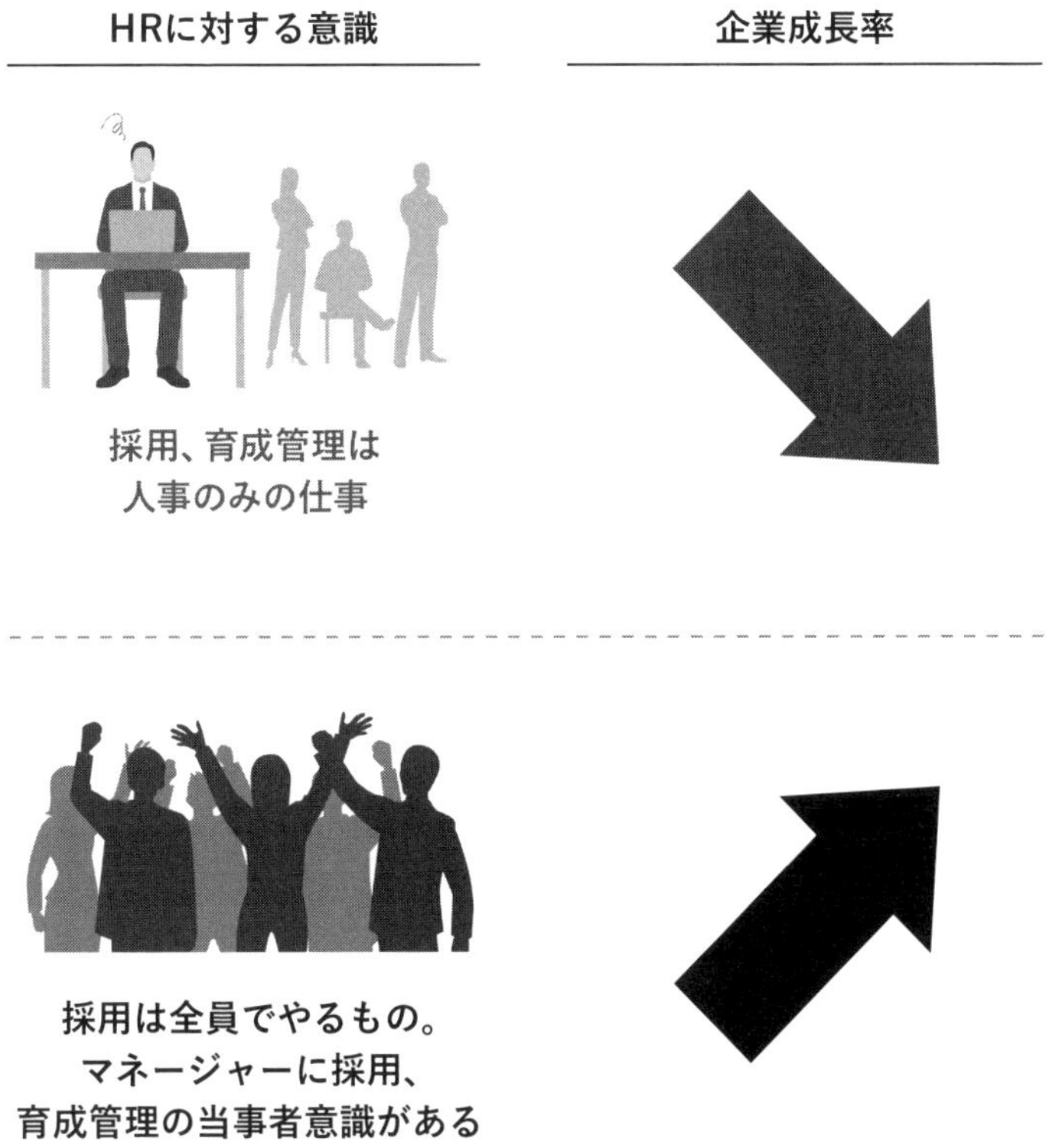
HRに対する意識
企業成長率
採用、育成管理は
人事のみの仕事
採用は全員でやるもの。
マネージャーに採用、
育成管理の当事者意識がある

参考：The War for Talent

従業員がどれだけ仲間集めに対する重要性を認識しているかが、
企業の成長を促進し、『おすすめしたい』企業カルチャーを強くする。

に経営会議でリファラル採用について議論する機会があれば、「管理職や経営幹部こそリファラル採用を実施しましょう。会社の管理職や経営幹部がリファラル採用を推進することは、企業価値の向上につながります」と言い切りましょう。

時間はかかれど、きっと紹介が自然と生まれる文化ができあがります。

STEP③行動

散らばった情報では行動につながらない

共感が生まれた後は行動に移っていきます。ここにおいては、従業員の紹介のハードルを下げていくことがとても重要なポイントになります。

「紹介のハードル」とは、情報を取得して声を掛けるまでの一連の行動における障壁を指します。

よくあるケースが、情報が一ヵ所にまとまっていない状態です。

例えば、社内のイントラにはインセンティブの情報が載っていて、募集ポストはホームページを見ておいてくださいといわれ、リファラルの情報は定期的にメールで流れるのでキャッチしてくださ い……といわれるといったように、どこに情報があるかわからないということがよくあるのです。

こうした情報が散乱している状態は、従業員にストレスを与えます。

人間が受け取る情報量はかつての2万倍になっていることは先述しました。こうした社会環境において、効率的に情報にアクセスできないことは致命的です。

また、繰り返しになりますが社員の視点に立てば、リファラル採用は主業務ではなく、極端にいってしまえばやらなくてもいいことです。だからこそ、極力情報を一元化し、情報取得から紹介までのシームレスな体験価値を意識する必要があるのです。

従業員数3万名を超える富士通では、全社員がリファラル採用の情報を負荷なく取得できるよう、自社内のイントラネットにてリファラル採用の専用ページを作成しています。また、社内のみならず社外の採用ＨＰでもリファラル採用についての説明を掲載することで、社員や候補者がリファラル採用の制度概要を知るなら、専用ページを見に行けば一目瞭然でわかるような情報設計をしました。

これにより、社員からの問い合わせが削減できたのみでなく、制度の認知率が向上し、直接社員とつながりのある候補者も、リファラル採用を実施していることを社外から認知できるようになりました。

このように、大手企業になればなるほど情報を一元化し、負荷のないリファラル体験価値を創出する必要があるのです。

声掛けのハードルを下げる工夫

社員の行動障壁を下げるためにもう1つ重要なことは、社員が友人に声を掛けるハードルを下げることです。

次の2つの人事からの広報例を見てみましょう。

①「名古屋のエンジニア職で、今転職を検討している転職希望者に声を掛けてください」

②「○月○日にオープンなイベントをやります。選考ではなく、カジュアルにお話をする場です。今すぐ転職を考えていない方でも参加ＯＫです」

後者の②のほうが声掛けのハードルが低いと思いませんか？

前者は求人ベースで声掛けする必要があり、転職を検討している友人に絞られていることに対して、後者はイベントのお誘いとして声掛けが可能であり、転職を検討していない友人も対象に入ることで、安心感があります。

このように、社員が声掛けをするハードルを下げる仕組みづくりがとても重要なのです。

ただし、声掛けのハードルを下げすぎて紹介件数が多くなると相対的に採用率が落ち、従業員の紹介した人材が軒並み不採用、といったことも起きやすくなります。65ページでお伝えしたように、不採用に関する丁寧なフォローにも配慮し、それらも従業員に周知することで、リファラル採用への精神的なハードルをグッと下げることができます。

また、リファラル採用の声掛けのハードルを下げ、従業員が自社を語る機会が増えれば、その結果としてエンゲージメントが高まるという効果もあります。

先ほど、「知れば知るほど好きになる」というザイアンスの法則について触れました。

これに類似する研究結果として、ポジティブな内容を語ることによって「語り手自身の推奨度を高める」というものもあります。つまり、リファラル採用により自社を「語れば語るほど好きになる」という効果も期待できるのです。

こうした意味でも声掛けのハードルを下げることで、語る機会を増やすことが重要になってくるのです。

語れば語るほど好きになる

自社を語る
自社環境
仕事内容
理念
大手顧客に
ソリューション営業をして
○○な価値を提供しています

語るほど好きになる

ポジティブな内容を
語ることによって
語り手自身の推奨度を高める

STEP④ファン化

また参加したくなる体験価値を

リファラル採用の4ステップの最後がファン化です。

ここで重要なことは、紹介した社員が「また参加したくなる体験価値を提供」することです。現状日本において、ファン化のステップまでを徹底できている企業は多くありません。逆に、ここまで意識して設計できていれば、リファラル採用の先進企業になれるということを意味します。


リファラル採用は、従業員体験を向上させる強力な方法です。一方で、対応次第ではプラスな体験のみならず、一時的なマイナスな体験になる可能性もはらんでいます。

プラスの体験とは、会社の仲間集めに参加することになるので当事者意識が芽生えていくことです。先述しましたが、自社を語る体験を通じて、エンゲージメントも高まっていきます。

このマッチング活動を通じて自分自身が介在価値を実感しやすくなり、さらにリファラル制度で入社した友人へオンボーディングをしていくなかで、自社や採用に対する責任感も高まっていきます。

一方のマイナスの体験とは、選考フローが不透明で声が掛けづらいことや、友人について「こんな人がいるのですが、いかがでしょうか?」と人事に問い合わせたのに、一向に返事が返ってこないことなどが挙げられます。他にも、合否基準がわからないことや、選考中の友人に対する対応範囲がわからず人事からも連絡がないなどが挙げられます。

このようにリファラル採用は基本的にプラスの体験を生むはずなのですが、対応次第ではマイナスの体験となってしまうのです。

「プラスの体験で終わる」か「マイナスの体験で終わる」かでは、2回目の紹介を実施したいかどうかがまったく異なります。紹介を通じて会社に賞賛され、友人が入社して喜びを共有できたら、「また紹介したい」と思うかもしれません。逆に、悪い体験で終わってアフターフォローもないような場合には、「もう絶対に紹介したくない」という感情を抱いてもおかしくないでしょう。

従業員、友人がファンになるアフターフォロー

リファラル採用における採用率は一般的に20～30％です。

つまり、70％程度はマッチしないのです。そのマッチしなかった際には、繰り返しになりますが「なぜNGだったのか」をしっかりとフィードバックすることが重要です。

例えば、「ご紹介いただいた○○さんは非常に優秀な方でした。一方で、今後は△△というキャリアを歩んでいきたいという目標をお持ちで、当社の目標やカルチャーとの親和性の面でマッチしない部分もありました。大変優秀な方でしたが、今回はお見送りさせていただきます」といったことをきちんと紹介者に伝えていくのです。

他にも、企業によっては不合格とした際に、「ごめんね飯」を設けているケースもあります。これは「不合格だった友人と会食に行ってきていいよ」という制度です。

また、入社決定後も、その友人との会食費を支給するケースがあります。友人との体験価値を生むような施策を通して、プラスの体験とする働きかけであるといえます。

大事なことは、紹介した友人・知人の入社が決まらなかった社員に対しても、入社が確定し

た社員に対しても、どちらに対しても「ファン」になってもらう働きかけを行うことです。
そして、さらに紹介体験を促進するうえでのコミュニケーションまできちんとデザインできていると、紹介する側もされた側もより前向きに制度に参加してくれるようになり、おすすめしたくなるリファラル採用をより加速させていくことができるのです。

社員が前向きに、自発的にリファラル採用に参加してくれることができれば、求人広告や人材紹介を使わない、「戦わない採用」への一歩目を踏み出せたといえるでしょう。

【まとめ】リファラル採用を成功させる5つのポイント

リファラル採用の4ステップにおける重要なポイントを改めてまとめてみましょう。

・認知を風化させないための、情報の角度を変えた継続的な広報
・共感を生むための、透明性の高い情報とストーリー
・情報を集約してその場で確認、参加できる導線
・行動ハードルを下げるようなコンテンツ設計
・紹介後、いい体験で終わるコミュニケーション

　これらを実施していくと、リファラル採用は文化として定着していきます。従業員の体験価値をきちんと想定して推進していくことが「ファン化」まで辿りつくためのポイントです。

新卒リファラル制度の導入と運用

　リファラル採用は従来、主にキャリア採用に活用されてきました。しかし、近年では「新卒リファラル」という手法にも注目が集まっています。

　新卒リファラルは、特にコロナ禍以降にニーズが高まった仕組みです。現在は、24％の日本企業が新卒でリファラル制度を導入しています。このような背景には、コロナ禍で選考がオンライン化したこと、Z世代の社会進出により、就活の方法に変化が生まれていることが考えられます。

これまでであれば選考の過程で社員と直に会って対話したり、説明会に参加してリアルな情報を吸い上げたりと、会社の生の情報に触れる機会がありました。しかし、コロナ禍で全てがオンライン化されたことで、入ってくる情報量が圧倒的に少なくなってしまったのです。

そのため、内定を承諾したにもかかわらず、「本当に自分と合うかわからない」「ちょっと違うかも……?」といった不安にかられ、内定承諾後に辞退するケースが増加しているのです。

また、オンライン化に加え、Z世代の社会進出に伴い、就活生の情報収集の方法も変わってきています。

「身近な大学の先輩や友人家族からリアルな情報を収集して志望先を決めている」と回答する学生が70%以上を占めるようになったのです。さらに、現場社員のリアルな情報など、直接会った人から動機付けされる傾向がより強くなっていることも見て取れます。

こうした背景から、リアルな情報を供給しながら、きちんと母集団を集めていく手法として、新卒リファラル採用の重要度が高まっているといえるのです。

Z世代の就職活動における情報収集と入社の決め手

情報収集

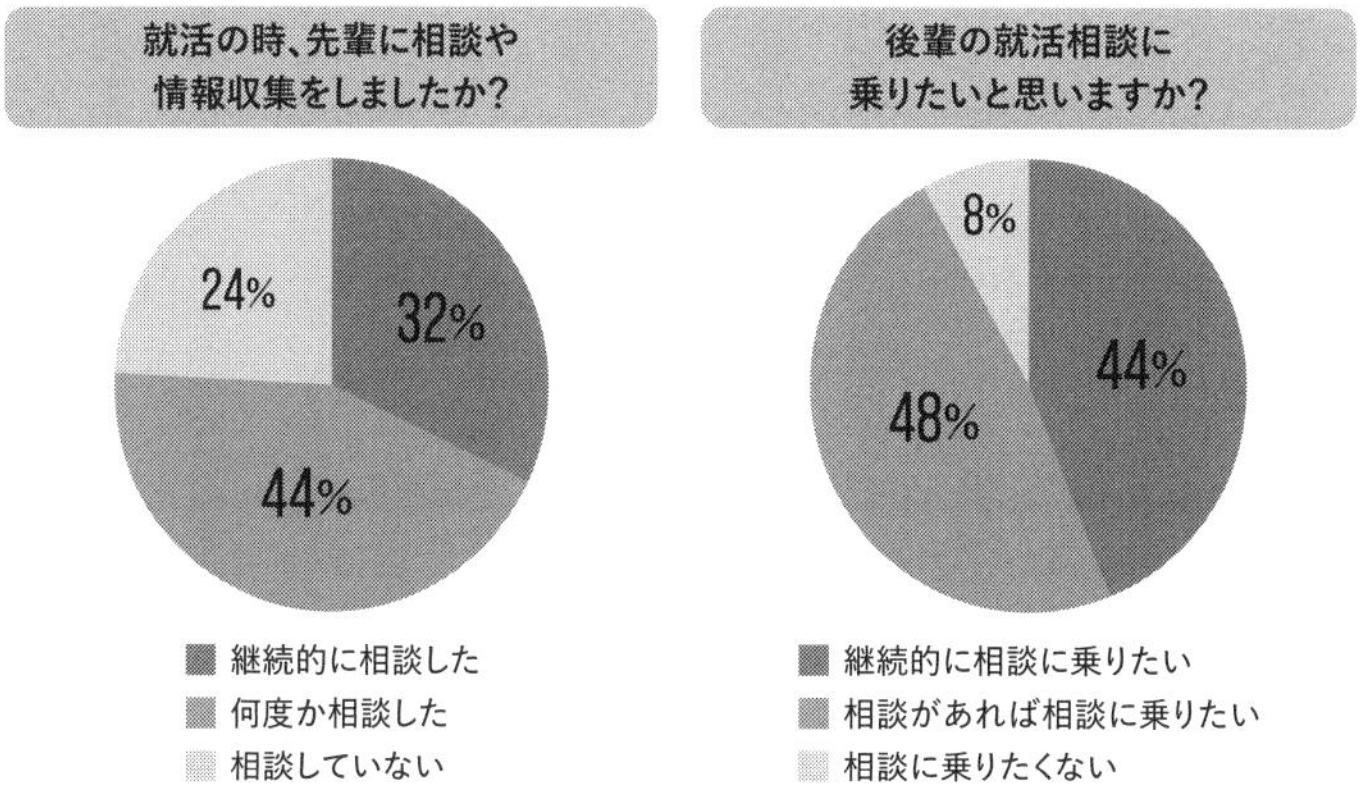

出典：2020年7月8日・9日　MyReferインターネット調べ　N=403

入社を決めた理由

Q. 入社の決め手は何ですか？

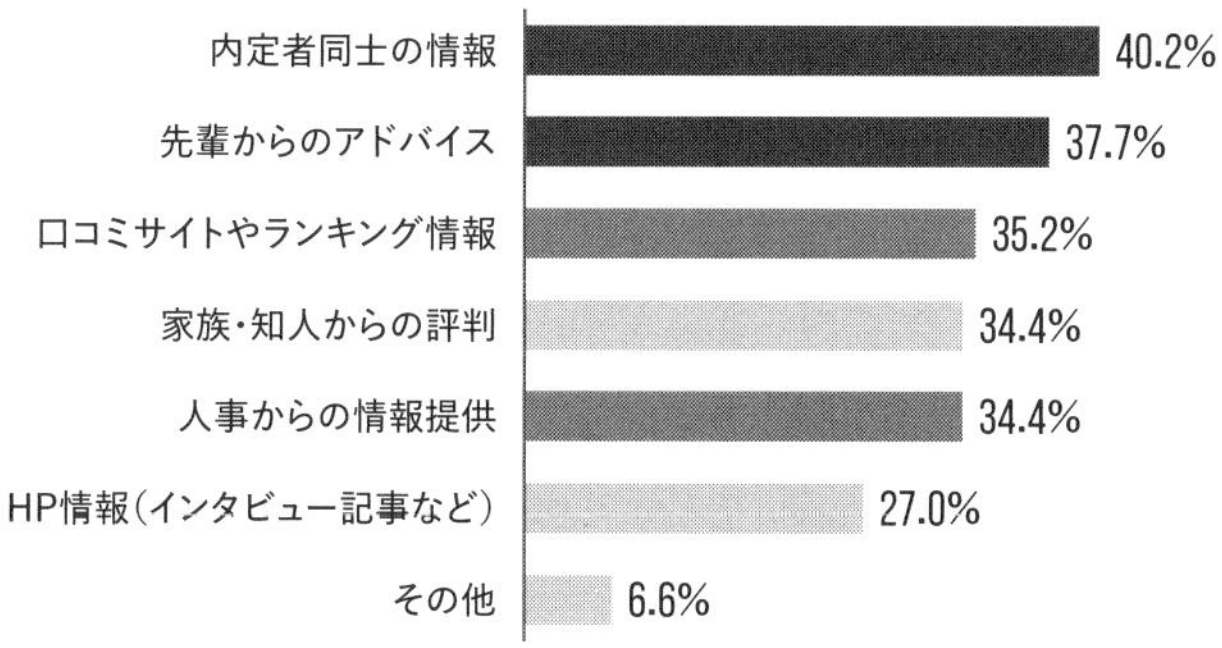

出典：2020年7月　MyRefer「21卒就活生意識調査」　N=122

新卒リファラル採用においては、「若手社員」をリクルーターに設定するケースと、「内定者」をリクルーターとするケースの2パターンがあります。

若手社員がリクルーターになるケースは、従来からメガバンクなどが導入していた「若手リクルーター制度」に近い制度です。若手社員（リクルーター）がミッションとして、学生の見極めから意向調整までを実施します。

入社して3年目以内の社員の場合には、まだ現役大学生の後輩とつながっているケースも多く、学生との距離も近いため、親近感を持ちやすいというメリットもあります。

内定者を巻き込んでいくリファラル採用は、最近特に広がりを見せている取り組みです。この手法が大きく広がっている背景は2つあります。

1つは内定者の周りには就職希望者が多くいるため、声を掛ける／声を掛けられるという機会が多いことです。仲間内で「就活に悩んでいてさ」といった話も出てきやすいでしょうし、その際に「私はこの会社にいくよ」といった流れから、自社の話も出しやすいでしょう。つまり、新卒の内定者はリファラル採用との親和性が高いのです。

もう1つは「会社の一員となって仲間集めをすること」で、自社に対する帰属意識が高まっていくことです。第2章で挙げたリファラル採用のメリットとして、紹介者のエンゲージメントが上がることを示しましたが、その効果は内定者でも同様です。新卒リファラルのプロジェクトを走らせることで、辞退率を抑制する効果が期待できるのです。

以上のことから、内定者による新卒リファラルは、学生の辞退率を低下させながら、母集団を集めていくことができるという一石二鳥の取り組みとなるといえます。

内定者リファラル採用プロジェクトの具体的な方法について、一例をご紹介しましょう。内定者ワークショップとして内定者を一同に集め、

①アイスブレイク
②入社決定理由の内省
③内定者同士で魅力をシェア
④内定者リファラルプロジェクトの説明実施

というアジェンダで行っていきます。それぞれの項目について掘り下げてみましょう。

①アイスブレイク

内定者についての相互理解を全員で行います。これには、自分以外にどのような内定者がいるのかを入社前に把握し、きちんとつながりを持っておくという狙いがあります。従来の内定者フォローでもすでに行っている取り組みかもしれません。ここでは、チーム内の内定者メンバーがどの大学出身で、どのような思いでこの会社を選んだのかといったことを語り合います。

②入社決定理由の内省

「なぜこの会社に入るのか」という点を、より掘り下げた簡易的なワークショップを実施し、各自掘り下げてもらったものをまとめて発表してもらいます。入社動機を改めて言語化することで自分の初心に立ち返り、かつ、内定者同士の相互理解がさらに進みます。

③内定者同士で魅力をシェア

「この会社を選んだ理由」から、自社の魅力を掘り下げてシェアしていきます。会社理解やエンゲージメントにもつなげていく工程です。

④内定者リファラルプロジェクトの説明実施

グループ分けをして、いよいよリファラル採用のプロジェクトを始動させます。

プロジェクトの導入はいくつかのパターンが考えられますが、「採用ターゲットを自分たちで考えてみる」というパターンがよく見受けられます。「どのような人が入社したらこの会社はもっと強くなるのか」といった候補者のペルソナを考えて、実際にリファラル採用に活かしていくのです。

プロジェクト期間中は、チームごとの声掛け数などを集計しておき、それを月1回程度の頻度で提供し、チームごとに切磋琢磨する雰囲気を醸成していきます。よい従業員体験としていくために、内定者みんなで力を合わせて盛り上げていくことが大切です。

また、新卒リファラル採用の場合でも、「声を掛けたのに書類で落とされたら友人関係が気まずくなる」ということが心配されます。新卒リファラルの場合、リファラルを受けた候補者の選考フローは、基本的にその他の応募経路と同等にしていることが多いです。

ただし、時期によっては書類選考で落とすことはせずに、人事部が全員に対してカジュアル

内定者リクルーターによるリファラルプロジェクト

**内定者で複数のチームを作り、
チーム対抗でリファラル採用プロジェクトを実施**

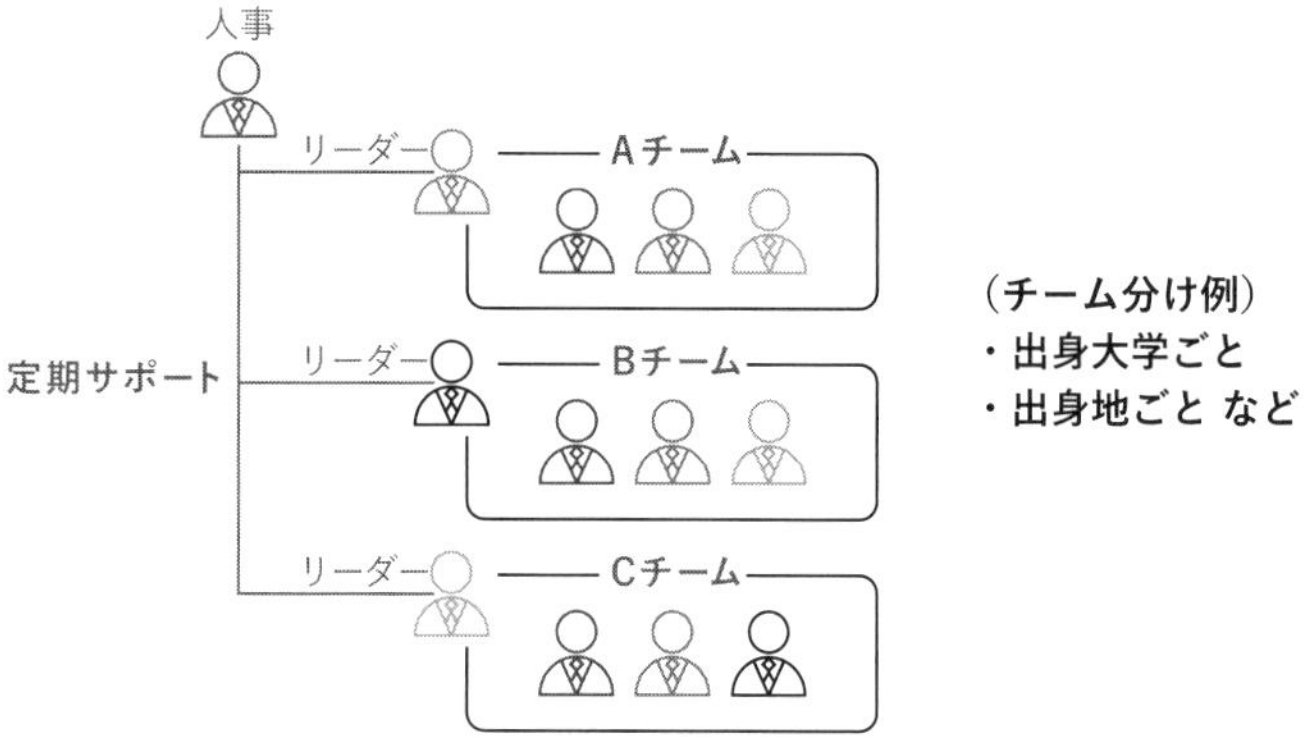

面談を実施するなどの特別感やフォローが必要です。新卒リファラルに関しても、声を掛けやすくなるような制度設計の工夫は重要といえます。

内定者研修の一環としてリファラル採用を実施し、「リファラル採用で○人獲得した」という成果ももちろん大切ですが、内定者のスキルアップにもつながる実践的な研修であるという意識も持てるとよいでしょう。

例えば、「候補者ターゲットを決める」という経験は、マーケティングのスキルが身につきます。さらに、「なぜこれをやるのか」という部分でいえば、「どのような企画にするのか」という企画力を鍛えていくことにもつながります。内定者リファラルはこうした、内定者のスキルアップにもつながる取り組みでもあるのです。

なお、「よい従業員体験にしていくことが重要だ」と本書では何回かお伝えしましたが、アンケート調査によると、スキル開発のみでなく自社理解が深まる内定者リファラル研修に対しては、内定者の90％以上が「とても満足」と回答しています。

内定者リファラル採用は、職種問わず母集団形成方法として有効です。特に理系の採用に関しては有効求人倍率が高くなってきているので、大学の研究室のつながりを活かして採用をしていく方法が、多くの企業で注目されています。

次章では、いよいよリファラル採用の成功事例をご紹介します。キャリア採用からアルバイト採用、新卒採用まで、リファラル採用の導入と促進を進めようとしている企業にとって有用な情報となるはずです。

第5章

リファラル採用の成功事例8選

第2章までで「なぜ戦わない採用としてリファラル採用が必要なのか」「そもそもリファラル採用とは何か」をお伝えし、その後の第3章では、導入の準備・制度設計・運用フローをご紹介しました。

続く第4章では、リファラル採用に社員を巻き込んでいくうえで求められる体系化されたメソッドと推進方法について解説してきました。

そして、この第5章では、実際にリファラル採用を実施して成功している企業の事例をご紹介します。今回、業界・業態・規模・募集領域の異なる8社の企業を取り上げさせていただきました。

これまでに述べてきたリファラル採用の準備・実践のメソッドが詰まったリアルな事例となりますので、ぜひ、読者の方々がリファラル採用を推進される際のヒントとしてください。

(1) 富士通株式会社──最先端分野の高度専門人材についてコストを抑えながら獲得

【企業データ（2022年3月末現在）】
従業員数：連結124，200名／単独34，400名
業種：ＩＴサービス
領域：キャリア採用
採用目標：年間約300名（※キャリア採用全体）

【導入背景】

富士通は、国内でおよそ3万4千名、連結で12万名の社員がおり、「ＤＸ企業」を掲げてデジタル技術とデータを駆使した事業の変革を進めています。そのなかで、ソフトウェア開発を担える人材の獲得が急務となり、新たな採用チャネルを求めていました。

長らく日本の大手企業の王道であった新卒一括採用をメインとしていたものの、2015年よりキャリア採用に本格的に取り組み始めました。当初はエージェントを経由しての採用を中

心に、100名規模の採用を行っていました。

その後、DX企業に変革をしていく過程で、より高度専門人材を採用していくことが喫緊の課題となり、転職潜在層に自らアプローチしていく必要性からリファラル採用に着目したのです。

国内には3万4千名の富士通の社員がいるため、その社員には無数のつながりがあります。一般的に、現役世代はSNSを含めて1人当たり300人とつながっているとされており、単純計算で1，000万人近くの人脈が候補者対象と捉えられることは非常に魅力的です。

では、この人脈を最大限活用して、これまでの採用では出会えなかった専門人材にアプローチした富士通のリファラル採用事例をステップ毎にご紹介します。

【準備】——丁寧な制度設計と段階的な展開

大規模な組織を動かしていくことになるため、いきなり「リファラル採用を実施します！」と宣言するのではなく、段階的に制度設計と社内展開をしていきました。

例えば、インセンティブに関しては社内で検討したうえで、他社平均と同等の水準に設定することで落ち着きました。その議論に際しても、社内の労務や法務とのディスカッションを経て、慎重に制度を設計しています。

さらに、いきなり全社に広げるのではなく、一部の部門で「トライアル期間」を設け、スモールスタートとしました。そこで感触を確かめてから、段階的に全社で展開していきました。

【認知】——全社的な取り組みであることを内外にアピール

社内に認知を広めていく際には、「人事部門のトップから全社員に対してメッセージを配信」していき、経営層・上長からの巻き込みを意識しました。また、自社内のイントラネットでもリファラル採用の専用ページを作成し、社外向けの採用HPでもリファラル採用についての説明を掲載しました。

そのため、社員はリファラル採用の制度概要について、専用ページを見に行けば一目でわかるようになりました。また、社員とつながりのある候補者も、リファラル採用を実施していることを社外からでも認知できるようになっています。

【共感】——継続的な広報で協力者を増やす

全ての企業において言えることですが、リファラル採用においては草の根的な活動がとても重要になります。富士通でも、人事部門の担当者が各部門の会議体に足を運び、リファラル採用の意義を伝え続けました。キャリア採用や新卒の入社者向け導入研修で、リファラル採用について発信もしていきました。

また、リファラル採用で決定した社員のインタビューを社内報で伝え、その意義や実績が浸透していくよう努めました。

【行動】—紹介しやすい環境を整備

スマートフォンから、いつでもどこでも紹介ができるツールであるＭｙＲｅｆｅｒを活用して声掛けの機会損失が起きないように留意しました。転職潜在層もカジュアルに参加できる採用イベントを実施するなど、とにかく紹介ハードルを下げる取り組みを実施しました。

また、一度促進して終わりではなく、リファラル採用を推進していく過程で定期的に社内アンケートを実施し、振り返りを丁寧に行っています。

【実績】

リファラル採用によって累計で２００名を超える採用につながり、従来の採用手法のみの場合と比べても2.7億円のコストカットを実現できました。獲得競争が激しいＡＩや先端技術のエンジニアの採用も実現できています。

またアンケートの結果から、リファラル採用活動を通じて入社者のミスマッチを減らすことができ、入社者と受入職場の双方のエンゲージメントが向上していることがわかっています。

取り組みのポイント

3万4千名を巻き込むとなると、難易度が高そうだと怯む気持ちも生まれるかもしれません。しかし、丁寧に社内の調整を行って、まずはスモールスタートで成果を出し、その実績を踏まえて全体に広げていったことでプロジェクトを成功させることができました。

大企業の人事担当者からは、「リファラル採用は社内から反発が出るのではないか」との声を耳にすることがあります。しかし、富士通の場合はトライアル期間を経てアンケートをとった結果、むしろ前向きな意見が多かったのです。「求人内容や企業情報をもっとこういうふうに記載したら、より紹介しやすいのではないか」といったフィードバックがあったほどでした。

トライアルをすることで、リファラル採用を社員がどう受け止めているのかが見えてきます。また、富士通の場合には、よりレベルアップできるポイントも見つかりました。

採用課題と導入背景

●**高度専門人材を獲得するために、新たな採用チャネル開拓が必要。**

最先端分野の専門性の高い人材は獲得競争が激化しており、転職潜在層への“攻めの採用”にシフトする必要がある。

●**攻めの採用にシフトするうえで、社内の“つながり”に注目。**

富士通には3.4万名の社員がいて、社外にさまざまな人脈を持っている。

今まで出会うことのできなかった人材に直接アプローチできる手法として、リファラル採用に注目。

成果

●**累計200名を超える採用、2.7億円のコストカットを実現。**

AI、セキュリティ、SAP などの先進技術エンジニアの採用に貢献。

●**自社のエンゲージメント向上および採用ブランディング向上。**

約8,900名の社員がリクルーターとなり、そのうち2,500名以上の社員が累計19,000回自社をおすすめしている。社員の口コミから昔ながらの企業イメージを払拭。

(2) 博報堂DYグループ（株式会社博報堂／株式会社博報堂DYメディアパートナーズ／デジタル・アドバタイジング・コンソーシアム株式会社）

――紹介ハードルを下げながら内定決定率が飛躍的に向上

【企業データ（2022年4月）】
従業員数：6，248名（3社合計・契約社員含む）
業種：広告
領域：キャリア採用
採用目標：複数年で約400名超のDX人材

【導入背景】

昨今、DX人材の獲得競争が苛烈になっており、コンサルティングファームや事業会社、広告会社、SIerなど、多くの企業がDX人材を求めて戦っています。

特に広告業界では、社会のデジタル化の進展とともに、企業と生活者との接点が双方向でのコミュニケーションへと進化したことで、より複雑な体験価値を創造することが求められています。

これらの時代変化に伴った事業変革として、クライアント企業のDXを統合的に推進する3社横断の戦略組織「HAKUHODO DX-UNITED」を2021年4月に発足。DX人材を複数年で約400名以上獲得するという方向性が示されたのです。

そしてDX人材の採用にあたっては、リファラル採用を強化していく方向性も示されました。数あるチャネルからリファラル採用が選択された理由は2つあります。1つは転職潜在層にアプローチできるために競合とバッティングしにくいこと、もう1つは求職者が抱く「マス広告の会社」という従来のイメージを払拭するため、自社の社員からの口コミでリブランディングしたいと考えたことです。

【準備】――紹介の煩雑な仕組みを取り払う

以前は、アナログで従業員の紹介制度を実施していました。ただ、紹介した社員が人事と候補者の窓口にならなければいけないという制度の運用面で非常に煩雑な仕組みとなっており、社員の負荷が課題となっていました。

こうした課題のなかで、社員の紹介の手間を減らすリファラル採用の仕組みが、制度設計のポイントになりました。

【認知】──全社に向けてあらゆる手段で存在を広める

社内への認知は、各現場の会議体で事前に周知をして、同時に全社員が閲覧する社内イントラで案内を始めました。

【共感】──専用キャッチコピーやポスターを活用した共感を生むコミュニケーションデザイン

単なる制度周知に終わらせずに、しっかり社員に共感をもって協力してもらうために、どう展開していけばよいのかを十分検討しました。そこで、リファラル採用専用のオリジナルキャッチコピーを作り、社内ポスターをドア裏に貼ったり、ＰＣ端末内ＣＭ、社内採用サイトも立ち上げ、あらゆる社内タッチポイントを活用して周知をし始めました。またすべての社員に届けるために、人事担当者による草の根活動、トップからの配信といった多様な方法を段階的に組み合わせ、コミュニケーションをデザインしていくことができました。

【行動】――書類選考で不採用とせず、カジュアル面談を実施

社員からの紹介についてはすぐ「書類選考で不採用」ということはせず、「カジュアル面談でお互いのマッチングを確かめる」ことをしました。これにより、社員はリファラルしやすい環境ができたといえます。さらに、推進担当者がリファラル採用のイベントに登壇し、外部にもリファラル採用を強化していることを発信しました。こうした対外的なブランディングを実施したこともポイントでしょう。

【実績】

リファラル採用のプロジェクトを始動させてから1年弱で、全体で80名程度、DX人材で30名程度を採用することができました。優秀な人材を獲得することができ、競合とバッティングして採れないような層にもリーチすることができたと総括しています。

また、内定受諾率が他の採用チャネルの約5倍に上ったのも注目に値しました。

取り組みのポイント

一部のグループ会社では、リファラル採用の制度を以前から活用してはいました。しかし、効率的なリクルーティングにはつなげられておらず、見直しが急務でした。加えて、事業変革が進み、会社のリブランディングの重要性も高まり、全社的にリファラル採用を強く推進する方向性となりました。

自社の強みを活かしながら共感を呼ぶ施策を繰り出していくなかで、リファラル採用が活性化し、その結果、同業界やＤＸ領域に携わってきた優秀層を獲得することが可能となりました。

採用課題と導入背景

●企業イメージのリブランディング。

企業イメージが限定領域で認識されており、転職先として想起されない。

● DX人材の競争激化。

転職顕在層向けのアプローチはレッドオーシャン化。

●人材獲得競争が激化するなか、新たな採用手法の確立。

転職潜在層のブルーオーシャンで強く戦える体制にするため、リファラル採用を導入。

成果

●1年弱で全体約80名、DX人材で約30名の採用創出。

豊富な人脈を活用し、優秀な人材獲得とコスト削減を両立。

●内定決定率が他採用チャネル比約5倍。

自社にマッチする人材を獲得するための工夫をしながら運用。

(3) 株式会社モスストアカンパニー――アルバイト・パート採用に導入して離職率が激減

【企業データ】
従業員数：正社員約300名、キャスト約4,500名
業種：外食・中食
領域：アルバイト・新卒・キャリア全ての採用

【導入背景】

少子高齢化に伴い、労働力の減少が深刻化しているサービス産業において、採用や離職などの人的資本は喫緊の課題です。なかでも、飲食店のアルバイト職の離職率は一般的に50%といわれ、働き手の安定的な確保が難しい状況です。また、社員や店長候補の採用も激化しており、慢性的な人手不足が続いています。

モスストアカンパニーはこうした背景から、アルバイト採用の強化と離職率の減少、そして正社員登用の増加を目標にリファラル採用の強化を目指しました。

従来もリファラル採用制度は行ってきましたが、店舗によって取り組みにバラつきがあったり、制度が形骸化していたりと、改善が必要な状態でした。そのため、全社でリファラル採用の推進へ舵を切ることとしたのです。

【準備】――バラバラだった各店舗の制度を全社で統一

リファラル採用制度の運用を店舗ごとに任せていたため、全国のキャスト（アルバイト・パート）までの浸透度合いやインセンティブの管理にもばらつきが生じていました。そこで、店舗ごとに管理する体制から、本社人事が全社のリファラル状況を管理・推進するように変更しました。人事から各店長にリファラル採用の情報を発信し、そこからキャストに伝えていく段階的なコミュニケーションをデザインしました。

【認知】――制度に独自のネーミングを付けて採用ターゲットも拡大

スタッフがイメージしやすい「リファモス」というキャッチなネーミングを掲げ、本社やスーパーバイザーからの声掛けやキャンペーンを実施して認知を広げていきました。初期段階はキャリア採用で店長や社員の採用を実施し、その後、キャストへと採用ターゲットを拡大しました。加えて、プレスリリースを発信し、社外に向けてもリファラル採用を本格化したことを伝えていきました。

【共感】―貢献度の可視化と賞賛による動機付け

ＭｙＲｅｆｅｒシステムにより各店舗での紹介状況を可視化したため、そのデータを用いて、リファラルを多く実施した従業員を賞賛していきました。

また、現場社員が集まる事業方針の説明会で「圧倒的な採用難時代であり、会社としての成長を継続するためにリファラル採用が重要である」という、リファモスに取り組む背景と意図を継続的に説明しました。一度説明をしただけでは浸透しないので、社員研修など現場社員との直接の接点がある際には、リファラル採用に取り組む目的を何度も説明して地道な声掛けをしていきました。

【行動】―ＳＮＳからでもリファラルできる仕組みとノウハウの還元

従業員がアクションを起こしやすいように、ＭｙＲｅｆｅｒツールを使ってＳＮＳでの紹介を簡単にしました。特に高校生のキャストは友人とＬＩＮＥでコミュニケーションを取り合う

モスストアカンパニーの MyRefer 導入当初の社内展開スケジュール

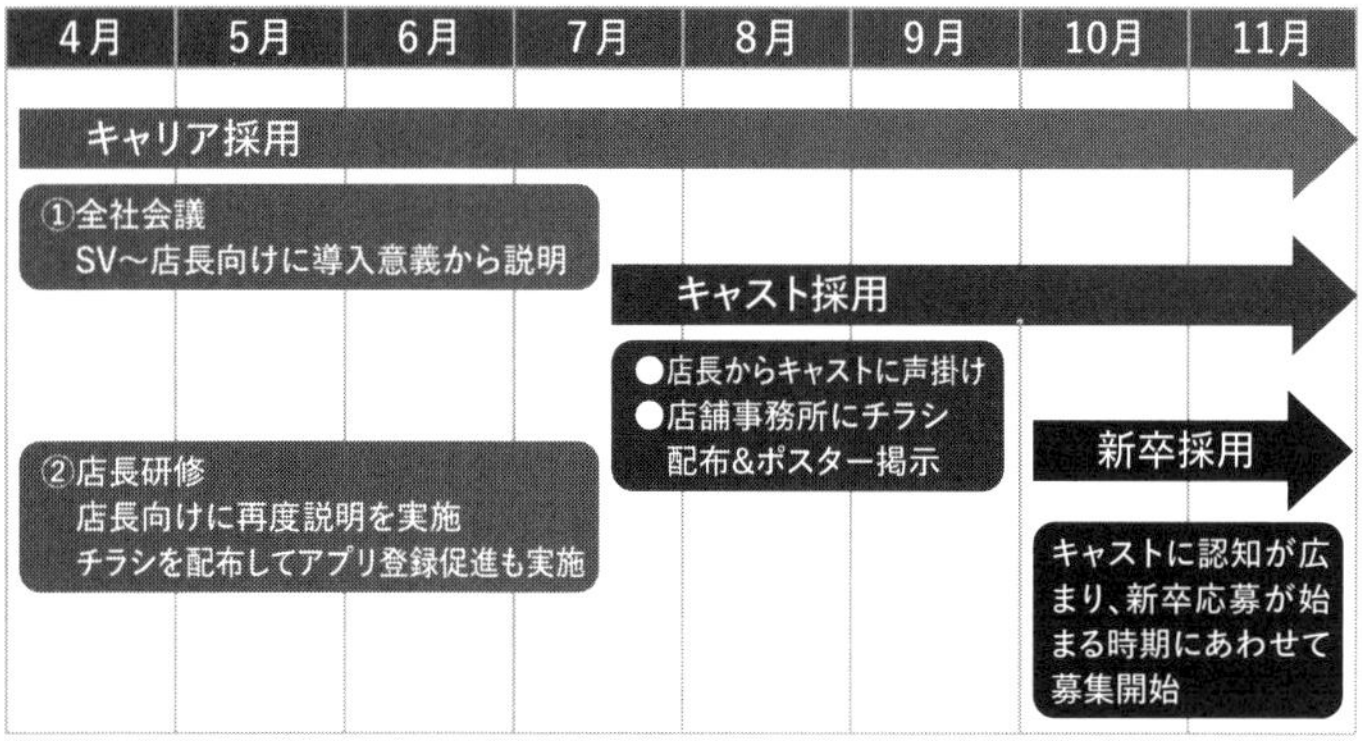
4月
5月
6月
7月
8月
9月
10月
11月
キャリア採用
①全社会議
SV～店長向けに導入意義から説明
キャスト採用
●店長からキャストに声掛け
●店舗事務所にチラシ配布&ポスター掲示
新卒採用
②店長研修
店長向けに再度説明を実施
チラシを配布してアプリ登録促進も実施
キャストに認知が広まり、新卒応募が始まる時期にあわせて募集開始

ため、スマホで簡単に紹介ができることがポイントになっています。

また、人事担当者が全店舗の情報を管理することにしたため、よい取り組みがあればそれを他店舗にも還元していくような循環を生み出すことができました。

【実績】

モスストアカンパニーのなかで、2日に1人のペースでどこかの店舗で誰かがリファラル採用により入社する状況が生まれました。そしてリファラル採用を行ったことで、2016年6月から2017年7月までの約1年間でキャストの1年以内離職率が12.5%にまで低減することができました。リファラル採用で入社するとほとんど辞めないという喜ばしい結果が出ているのです。

また、リファラル採用を推進していく過程で、従来から行われていたキャストからの社員登用の仕組みもわかりやすく整備しました。モストアカンパニーでは、3年以上継続して働いているキャストの方々が多く、そのなかには社員になれば即戦力として活躍できる優秀な人材が多くいます。しかし、これまでは人事と現場の情報共有にはバラツキがあり、人事は優秀なキャストがどの店舗の誰なのかほとんどわからない状況でした。現場の優秀なキャストのことは現場の社員が一番知っているので、現場社員からダイレクトに声掛けをしてもらう導線を整備し、また、キャストが自らリファラルの内部求人に応募できる仕組みも整備しました。これにより、リファラル採用ツールを通じて内部紹介が加速し、正社員募集の求人に自ら応募して正社員になりたいという意思を本社人事へ伝えることができるようになったことで、正社員採用にも好影響を及ぼしています。

取り組みのポイント

飲食店において、1年以内離職率が12.5%になるということは驚異的なことです。リファラル採用を実施することで、店舗のなかで気の合う仲間たちと働けるようになったことが離職率の低下に寄与していると考えられます。また、店舗で働くキャストを従業員自ら仲間集めするようになったことで、結束力や当事者意識が醸成されたことも離職率低減の要因といえるでしょう。

さらに、社員登用の仕組みを利用するキャストが増加したことは、リファラル採用を通じて、一人ひとりがモスストアカンパニーで働く可能性を考えるようになったり、自分自身の可能性も見据えるようになったりしたことも要因としてあるでしょう。企業にとっても、個々の社員にとっても、リファラル採用は大きなメリットのある取り組みといえます。

採用課題と導入背景

●**採用難に突入するなか、従来の採用手法では手詰まりになる強い危機感。**

実際、新卒採用では前年に比べてエントリー数が半減。

●**過去の採用実績で、正社員採用の6割以上がモスバーガーのキャスト経験者。**

キャスト新卒・キャリアの全領域で採用を強化する解決策になると考え、導入。

成果

●**累計約1,190名の採用を創出。**

２日に1人はどこかの店舗で誰かがリファラルで入社するほど活性化。

●**即戦力人材の採用およびオンボーディング体制の確立。**

キャストからの紹介のため、マッチする即戦力の人材が多い。
さらに採用後も紹介者自らフォローをする体制が確立。

(4)株式会社USEN-NEXT HOLDINGS
——地道な啓蒙活動と工夫がカルチャーとして浸透

【企業データ(2022年8月)】
従業員数:4,846名
業種:通信・店舗サービス・コンテンツ配信など
領域:新卒・キャリア採用
採用目標:年間200名以上の採用(※キャリア採用全体)

【導入背景】

USEN-NEXT HOLDINGSは、2017年にU-NEXTとUSENが経営統合して誕生しました。これを機に、USEN-NEXT HOLDINGSは「必要とされる次へ」というビジョンを掲げ、コーポレートの体制を一新。グループ企業として年間200名ほどを採用していくなかで、新たな採用チャネルとしてリファラル採用をより強化していきたいと考えました。全国に事業所が150もあるなかで、地方では紹介による採用の比率が高いこともあり、「これまで一定の紹介が起こっていたものを、制度として明文化して活性化する」という位置付けで、リファラル採用を強化しました。

【準備】──選考フローの明確化と対象拡大による心理的ハードルの低下

リファラル採用の選考フローを明確にして、より紹介しやすい環境を整備しました。従来は紹介範囲が本社の社員のみでしたが、各事業所の採用にまで拡大しました。当社は事業領域が広い分募集職種も多種多様なので、すべての求人を一括管理して、紹介しやすいように整備しました。

【認知】──全国150事務所の各地を人事担当者が行脚

社内の一斉メールでリファラル採用の発信をし、まずは全従業員へ認知を図りました。さらに、リファラル採用を推進する本社人事が各部署に伺い、説明会を開催して、草の根活動でリファラル採用を啓蒙していきました。

現場のなかでもマネジメント層は、人材不足だと業務に支障が出ることを理解しているので、採用活動を「自分ゴト」として捉えている人が多くいる一方、メンバーのなかには「自分は採用活動に無関係」だと思っている人が少なくありません。全体への一斉アナウンスに加え、人事担当が直接各部署に伺い、説明会を開催して「採用の必要性」を伝えることで、着実に認知を広げていったことがポイントです。

【共感】――地域ならではの採用事情を活かしつつ個別アプローチ

USEN-NEXT HOLDINGSは全国に支店があるため、地域のつながりを活かしたリファラル採用を強化しました。全国一律に「営業職」の求人を案内するのではなく、ある地域の社員だけに絞って「地域限定の営業職」の求人を送るように工夫しています。そうして地域独自のリファラル採用についても個々にアプローチを図っていきました。

【行動】――選考の一部免除など応募しやすく設計

まずは、新卒領域からリファラル採用を導入しました。リファラルを受けた候補者は一次選考免除で次の選考に進める設計とし、応募を促す工夫を行いました。結果的に19年卒の内定者のうち50名がリファラル採用で決定するという成果につながりました。それを受けて、キャリア採用にも適用領域を拡大しました。採用を「自分ゴト」として捉えて、より広く社員に行動してもらうために、ＭｙＲｅｆｅｒツールでの告知と会議などでのアナウンスを継続しています。

【実績】

キャリア採用では、１年間で応募数が３２３名、採用決定数が43名という結果になり、全体の採用数でリファラル採用の比率が10％を超えました。

求人メディアで募集しても反応が少ないこともありますが、リファラル採用により当社のイメージや社風を知っている社員の友人、家族などから応募が来るようになりました。

また、ＭｙＲｅｆｅｒツール上に実際に社員がリファラル採用でおすすめした会社の魅力ポイントが集まり、ブランディングにも活用できています。中途入社を考えている方は口コミサイトを見て、評判をチェックする場合が多いですが、今の働き方や会社のリアルを伝えるために、ＭｙＲｅｆｅｒから吸い上げた社員のクチコミを活用していくことで、リファラル採用のファンを増やしていくことにつながり、よい循環が生まれています。

取り組みのポイント

草の根的な地道な活動と全社的な発信を掛け合わせ、それを継続していった点に取り組みの強みがあります。リファラル採用は人事が会社をおすすめするディレクターとなり、周知・浸透を図っていくことが求められます。USEN-NEXT HOLDINGSは大規模な組織のなかで、こうした小さな働きかけを積み上げてきたことが非常に重要なポイントだといえます。

さらに、リファラル採用を全社展開したことでU・Iターンを呼び込めるという魅力もあります。社員自身も募集を見てU・Iターンを検討することができますし、現在は地元にいないけれど「地元に戻りたい」と言っている人が周囲にいたら、その人を紹介することもできる――こうした紹介の輪を広げられたことも、リファラル採用を全社展開するメリットと考えられます。

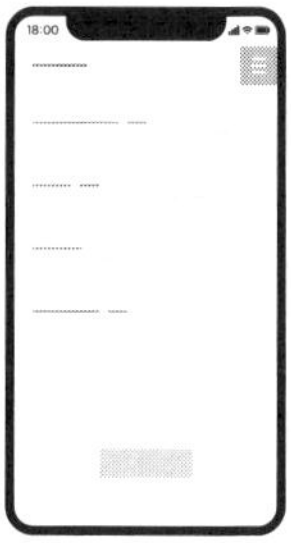

～実際に紹介した社員からのおすすめコメント～

「数年前の体制から大きく労務環境も変わり、自身の生活スタイルに合った働き方を自身でプランニングできる点」

「職種問わずそれぞれがやりたいことに手を挙げられる環境であり、今の職種以外にもチャレンジでき、成長できる環境があること」

「自発的な考えを持って仕事をこなしていき、しっかりとした内容説明をして周りを説得し、納得させ巻き込んでいければ必ずチャレンジさせてもらえる環境だと考えます。自己成長につながり一緒に働く人もさまざまな考え方やスキルを持っているので切磋琢磨できます」

採用課題と導入背景

●採用数が増えるにあたり、新たな採用チャネルを模索。

経営統合によって社員数が約5,000名となり、年間約200名以上の採用を計画。

●以前から社員紹介や出戻り入社が一定割合で発生していた。

事業所が全国に約150か所あり、特に地方では社員紹介の採用の比重もかなり大きい状況。このような背景から、ホールディングス化に伴ってリファラル採用をきちんと制度化して、推進していくことに決定。

成果

●19年卒の内定者のうち約50名がリファラル採用で決定。

●2019年春に新卒採用から始め、キャリア採用にも領域を広げる。

キャリア領域では１年間で応募数は323名、採用決定数は43名。
年間約400名のキャリア採用を計画で、リファラル比率が10％を超える。

(5) 株式会社岐阜タンメンＢＢＣ――地域採用との親和性の高さによる複数のメリット

【企業データ（２０２２年６月）】
従業員数：正社員96名、アルバイト６６０名
業種：外食・中食
領域：アルバイト採用

【導入背景】

岐阜タンメンＢＢＣは、「岐阜といえば、岐阜タンメン」をキャッチフレーズに、東海地区でラーメン店を中心とした飲食事業を展開している企業です。

従来、アルバイトの採用は店舗によって方針が異なり、採用の充足度合にばらつきがあるような状況でした。例えば、Ａ店ではアルバイトの人数が足りているけれど、Ｂ店では足りていないといった状況が生まれていました。

また、お金を掛けて求人広告を出しても、まったく応募が見込めないエリアがあり、それで

も店舗から要望があればコストをかけて求人を出さなきゃいけないというジレンマを感じていました。こうした課題認識から、求人広告だけに頼らず、コストを下げながら自社で採用ブランディングをしていく方法も模索し、リファラル採用の強化に向けて動くことにしました。

【準備】――自社に合うリファラルツールの導入

「リファラル採用によって自然と人が集まる文化の醸成」をゴールに設計し、採用と従業員エンゲージメントの向上に取り組むことにしました。

全社にツールを導入するにあたり、どのようなやり方であれば心理的ハードルを下げて使ってもらえるかについて、展開方法を丁寧に検討しました。

【認知】――社員の心情に寄り添った段階的な認知活動

新たな制度やツールをいきなり紹介しても、社員はなかなか馴染みにくいだろうと考えて、まずは、「なぜリファラル採用を行うのか」、「それによって何がラクになるのか」、といった導入の意義を伝えるようにしました。すぐに「紹介をしてほしい」という方針を下ろしていくのではなく、リファラル採用に興味を持ってもらうためのコンテンツづくりを考えて、ＭｙＲｅ ｆｅｒのリファラル採用ツールを身近に感じてもらう工夫をしています。具体的には、各店舗の社員インタビューをして、そこから次の社員を指名してまたインタビューをするという「インタビューリレー」を実施しました。これはリレー形式の自己紹介コンテンツで、インタビューを受けた社員が次の人を指名していくというものです。これまでの人生や入社の経緯など、社員の人となりを知る機会となり、評判やいいね率も高く、リファラル採用の認知浸透に大きく寄与しています。リファラル採用の認知を広げるために、それ以外の切り口でコンテンツを考え、結果的にスタッフの認知率を高めるというコミュニケーションをデザインしたのです。

【共感】―他店舗を知ることによる当事者意識の醸成

条件や仕事内容だけの求人を配信するのではなく、そのポジションで採用された方の転職ストーリーや自社の魅力を語ってもらうストーリーを配信しました。全社的な発信を強化することで、社員が他の部門や店舗の状況を知り、より会社に対して当事者意識を持てるように設計しました。

【行動】――声掛けの材料を人事から提供

社員のなかで経歴が面白くて活躍している社員をピックアップして、紹介用の求人を作成しました。こうした工夫から、社員が友人・知人に「こういう人もいるからどう？」といった声を掛ける素材を提供していくことにつながっています。

【実績】

リファラル採用を行ったことで、求人広告ではなかなか採用できないような大手外食チェーンの店長経験者らの入社が決まりました。友人からのおすすめだからこそ、岐阜タンメンの働きやすさを聞いて飲食業界で頑張ろうと思ったそうです。さらに２０２２年３月では、アルバイト採用の50％以上をリファラル採用が占めています。

また、社員の情報を多く発信していったことで「アルバイトから社員になりたい」という声が出るようになり、社員登用では順番待ちができている状況です。なかなか就職できない人気の会社というブランドイメージにまでつながりました。

リファラル採用への働きかけが、従業員やスタッフが自社の魅力を再認識するきっかけにもつながったといえるでしょう。

取り組みのポイント

企業のカルチャーによって必要なリファラル採用のあり方は異なります。岐阜タンメンBBCの人事担当者と話しているなかで、「『明日からこの業務ツールを使って、リファラルを開始してください』といわれても、従業員は戸惑うと思います。」という懸念点が出されました。そこで、従業員が興味を持ちやすい方法で認知を行っていったことが大きなポイントであったと思います。リファラル採用の認知を広めるために、敢えてリファラル以外の切り口でコンテンツを設計し、最終的にリファラル採用の認知に行きつくというコミュニケーションデザインも重要なポイントでした。

また、地域×リファラル採用は非常に相性がよいです。地域のほうが人々のつながりが強い傾向にあり、より紹介や口コミでの就職・転職が起こりやすいためです。ナビサイトで広く告知するよりも地域を限定した求人にしたい、といったニーズにも対応できるのがリファラル採用の強みだといえるでしょう。

採用課題と導入背景

- **応募が見込めないエリアでも求人広告をかけるジレンマがあり、採用コストがムダになってしまっている。**

- **思うような人物が採用できない・マッチングできない。**
  応募があったとしても人となりやカルチャーが合わない。

- **岐阜タンメン BBC をよく知るパートナーから「企業文化とリファラル採用は合う」と勧められて「コストダウンにつながるなら」と導入。**

成果

- **大手外食チェーン店の店長経験者**といった、実力のある人の採用を創出。

- リファラルで入社した人が、他の人にリファラルする**好循環が発生**。社員採用で順番待ちができ、**就職難易度が高い会社というブランド**に。

- 2022年3月は**アルバイト採用全体の過半数をリファラル採用**が占める。

（6）株式会社日比谷花壇――内定者プロジェクトとしてのリファラル採用の魅力

【企業データ（2020年3月）】
従業員数：1，399名
※一部関連会社出向者含む
業種：小売・販売
領域：新卒採用
採用目標：新卒採用全体で年間60～70名

【導入背景】

日比谷花壇は、「花とみどりを通じて、真に豊かな社会づくりに貢献する」という企業理念のもと、フラワーショップやオンラインストア、ウェディングサービスを運営する生花販売の大手企業です。新卒採用の内訳は、エリアや職種を限定しない「総合職正社員」と、職種の限定が可能な「専門職正社員」で採用しています。

これまで新卒採用は主にナビサイトとイベント出展で採用活動を行っていましたが、非常に大きなコストがかかるのに対して、なかなか求める人材に巡り会えない状況でした。さらに、「お花屋さん」のイメージから女性の母集団形成は上手くいくものの、男性が集まりにくいといった課題もあったのです。

そこで、ナビサイトや説明会だけではなく、内定者のつながりから求める人材にアプローチできるリファラル採用に舵を切ることとしました。

【準備】──内定者研修にリファラル採用を落とし込む

日比谷花壇では、内定者研修と兼ねて新卒リファラル採用を企画しました。内定者がプロジェクトとしてリファラル採用に取り組んでいく過程で、会社への理解が深まり、同期との交流ができ、そして社会人スキルの習得ができると考えたからです。

【認知】──研修で自社への理解が深まる

10月の内定者研修でリファラル採用のことを案内し、それから3月末までの半年間、内定者がプロジェクトとしてリファラル採用の活動を行いました。ＭｙＲｅｆｅｒのツールに21卒の学生に向けたイベントの告知を用意して、それをＳＮＳなどで後輩に紹介してもらう仕掛けを実施しました。

イベントの具体的な内容としては、ワンデーインターンシップへの優先招待や、先輩社員との特別座談会、特別選考につながる企業説明会など、「内定者がせっかくご紹介いただくのであれば特典を用意しよう」という想いから、選考の際に書類選考やグループディスカッション免除という設計をしました。

【共感】――強いメッセージを打ち出しつつ感謝を形にする

「日比谷花壇のファンを増やしましょう。そして、日本一就活生に寄り添う企業を目指しましょう」というメッセージを伝えて、内定者が自発的に紹介したくなる仕組みづくりをしました。研修では自社の魅力を棚卸しするワークショップも取り入れ、リファラル制度とともに会社への理解を深めてもらう機会になりました。

また、実際に友人・知人をイベントに招待し、紹介コメントも記載してくれた内定者には、感謝の気持ちを込めてＡｍａｚｏｎギフト券を配布しました。内定者の採用活動への協力に対してしっかり感謝を伝えています。

【行動】――次の新卒採用に向けたイベント運営でスキルアップ

「社会人の準備の研修として取り組むプロジェクト」という位置付けで、内定者研修の一環としてリファラル採用を実施しました。リファラル採用プロジェクトを通じ、内定者自身が目標設定・ＰＤＣＡやコミュニケーションスキルといった、社会人として必要なスキルを学生のうちに蓄えることにより、万全の状態で4月の入社日を迎えられるようにしました。内定者研修でスキルをインプットし、リファラル採用プロジェクトでアウトプットするという流れを行ったことで、社会人としてのスキル開発とともに、日比谷花壇への理解も深め、内定者の当事者意識向上につながる仕掛けを実施したのです。

【実績】

２０２０年度卒内定者と一緒にリファラル採用に取り組み、２０２１年度卒内定者の37名中10名と約27％が紹介経由での内定となりました。内定者が日比谷花壇の魅力をしっかり理解して伝えてくれたからこそ様々な学生と出会えました。また、チームでリファラル採用プロジェクトに臨んだことで、内定者同士の横のつながりを深めることもできました。

全国で採用を実施しているため、同期であっても入社後、配属先の関係で顔を合わせる機会がない人もいます。内定者研修の段階で、内定者同士の絆が生まれたことは、エンゲージメントの向上にもつながったのではないかと考えています。

取り組みのポイント

「お花屋さん」というよく知られている職業だからこそ、イメージが固定化されすぎていて、これまでリーチできない層がいる状況でした。リファラル採用の時には「単なるお花屋さんではないよ」と言って、仕事内容を紹介する内定者もいたそうです。こうしたイメージギャップはなかなかナビサイトの告知だけでは超えていくことができません。

また、日比谷花壇が会社にとっても内定者にとっても紹介された学生にとってもプラスになるようにリファラル制度の設計をしたことも、成功に導く大きなポイントだったといえます。

採用課題と導入背景

●“お花屋さん”のイメージで男性が集まりにくい。
ナビサイトや説明会だけでは、男性の母集団形成が難しい。

●内定者のつながりで、出会いにくい人材との出会いを創出できる。

●マッチング率、採用効率、内定者エンゲージメントの向上も図れる。
2019年7月より新卒採用でリファラルを実施。

▼

成果

●21卒内定者の20%が内定者からのリファラル経由で決定。
内定者58名が参加して、合計852名の友人・知人を紹介。104名の応募、85名が選考に進み、11名の内定。

●内定者研修によるビジネススキルのインプットに貢献。

●内定者の横のつながりを深める機会に。

（7）住友ファーマ株式会社——課題意識と従来の反省からリファラル採用を最適化

【企業データ（2022年12月）】
従業員数：3，054名（連結：6，816名）
業種：医薬品
領域：新卒採用
採用目標：約50名

【導入背景】

住友ファーマは、「人々の健康で豊かな生活のために、研究開発を基盤とした新たな価値の創造により、広く社会に貢献する」という企業理念を掲げ、革新的な新薬を創出している国内大手製薬会社です。研究職、開発職、MR職（営業職）を中心に毎年およそ50名の新卒採用を行っています。

従来の採用課題は、大きく2つありました。1つ目は、どの会社からも必要とされるような優秀な人材を採用したいけれど、理系人材の獲得競争が激化しているということです。コンサルなどの他業界でも理系学生が求められ、理系学生をビジネス職として採用する企業も増えているなか、自社の魅力をきちんと発信し、最終的に就職先として選んでもらうためのコミュニケーションが必要でした。

２つ目は、優秀な人材を見逃しているかもしれないという懸念です。短い面接だけでは適性やポテンシャルを見極めきれない可能性があります。

そんななか、住友ファーマが実施した内定者アンケート結果から、内定者の80％以上が就職活動について「友人・知人に相談している」ことが明らかになり、入社の決め手は「社員の魅力」と回答する内定者が６０．７％（他社平均は４３．２％）で最も多いとわかりました。そのため、社員の魅力を最大限活かしたいと考えて、社員や内定者を巻き込むリファラル採用に注力していくこととしました。リファラル採用では、通常の選考よりも前に学生と接点が持てることもよい点だと考えています。早い段階から学生と接し、自然な会話から学生のホンネをうかがえるため、一人ひとりの学生のことを知りつつ、社員の魅力を通じて志望度をあげるという狙いを持ちました。

【準備】――従来の採用課題を洗い出して再設計

これまでもＭＲ職で若手社員と内定者からの紹介者限定としてリファラル採用を実施したことはあります。しかし「紹介したいと思う方は、すでにインターンシップに応募されていた」、「声を掛ける基準がわからない」など内定者も困っていた印象がありました。ＭＲ職では別途インターンシップを複数回実施していること、理系だけでなく文系の学生も採用していることから、人柄や地頭のよさ、ゼミや部活動、アルバイトでの活躍など目線が様々になってしまうことが紹介の難しさになっている課題があります。一方、研究職と開発職に就く学生たちは、大学の研究室で多く時間を過ごすなかで後輩や先輩のことをよく知っており、専門性やキャラクターが当社にマッチするかどうかもわかっています。そこで、研究職と開発職でのリファラル採用の設計に注力し、若手社員や内定者がより紹介しやすい仕組みづくりに努めました。

【認知】――内定者の主体性を重んじることを明言

まずは、内定式で内定者全員にリファラル採用の意義を説明しました。先ほどのアンケートが示したように、住友ファーマの内定者は「社員の魅力」に惹かれて、入社を決定した人たちです。その方々から見て、一緒に働きたいと思う人を紹介してくれれば自然とマッチする人材が集まると考えています。そのため、人事担当者の目線は気にせず、「あなたがいいと思う人を紹介してほしい」と内定者に伝えていきました。

【共感】——対等なプロジェクト仲間であることを意識

内定者全員でリファラル採用を実施する背景として、人をしっかり見ていきたいという想いを伝えました。人事部だけでは十分見られないところを、近くで見ている内定者から当社にマッチしそうな人を紹介してほしいと正直に伝え、できるだけ内定者の主体性に任せる運用を心がけました。内定者からは「もう会社の一員として採用の協力をするのか！」という驚きの声もありましたが、皆理解を示して協力してくれました。

選考の段階から内定者と対等な関係で信頼関係を築けていたことも自発的な協力関係を醸成できたポイントです。内定が決まってからいきなり採用に協力してもらうのではなく、選考から誠意をもって接し、面接でも時間をかけて丁寧に話を聞いて、信頼関係を深めてきました。その関係性のうえで、リファラル採用のプロジェクトを、相互に協力し合いながら活性化させていけるよう働きかけていったため、自主的に協力してくれる体制ができたのです。

【行動】——内定者の活動を陰ながら支援

関西と関東で内定者紹介限定のイベントを開催し、その案内を内定者に協力してもらいました。その際、内定者が当社のことを紹介しやすいように、他の内定者がおすすめしているポイントを共有しています。内定者同士でも当社の魅力を再確認しながら、内定者の行動ハードルを下げていく仕組みを作りました。

【実績】

40名以上の内定者がイベントを友人・知人に紹介し、そこに50名以上の応募がありました。毎年数名がリファラル採用から入社しています。内定者から同じ研究機関に所属する他大学の日本トップクラスの博士学生をご紹介いただいたエピソードもあります。内定者が違う研究室に優秀な博士人材がいると噂を聞いたらしく、その人に直接連絡して誘ってくれたとのことです。紹介のパターンは複数あり、自分がいいと思った人をピンポイントで紹介してくれる人もいれば、研究室の後輩1人だけ紹介するのは不公平だからと全員に声掛けをしてくれる人もいました。これらの延長で、なかなか出会えない「データサイエンス×医療」という専門性を持つ人材を採用することもできました。

取り組みのポイント

住友ファーマは理系学生の人材獲得競争が激しくなるなか、高い専門性を持った人材を継続的に採用できる仕組みを模索していました。そのなかで、内定者アンケートからリファラル採用の可能性を見出します。取り組みをスタートする際に、エビデンスをもとに自社との親和性を見出した点は注目でしょう。

新卒リファラルを実施した結果、ナビサイト経由では採用が難しい層にもきちんとリーチすることができました。また、人事担当者からは「内定者の行動力に驚いた」というコメントもあり、内定者自身も前向きに参画してくれたことがうかがえます。

採用課題と導入背景

●理系人材の獲得競争が激化しているなかで、就職先として選ばれる会社になる必要がある。

●優秀な人材を見逃しているかもしれないという懸念。

●内定者アンケートの「入社の決め手」で“社員の魅力”を挙げる者が60.7%。

社員の魅力を最大限活かせたらと思い、若手社員や内定者を巻き込むリファラル採用に注力。

▼

成果

●関西と関東で内定者紹介限定のイベントを開催。

40名以上の内定者が紹介の協力し、50名以上の応募。

●同じ研究機関に所属する他大学の日本トップクラスの博士学生に声を掛け、「データサイエンス×医療」の採用困難な人材の内々定を創出。

(8) トヨタ自動車株式会社
―モビリティカンパニーへの変革に向けて採用イメージを会社全体で刷新

【企業データ（2022年3月）】
従業員数：70，710名
業種：メーカー・商社
領域：キャリア採用

【導入背景】

トヨタ自動車は2018年にモビリティカンパニーへの変革を宣言し、2019年よりキャリア採用を強化しています。それまでキャリア採用は10%程度でしたが、2022年では40%程度まで増加。将来的には50%まで引き上げる予定です。今後は、クルマづくりに留まらない領域にも挑戦するために、より多様で専門性のある人材が必要となっています。

キャリア採用では、人材紹介エージェントを介した採用を中心としていましたが、大きく3

つの課題がありました。

1つ目は多様な人材の獲得をさらに加速させる必要があること、2つ目は「クルマづくりの会社」というイメージが強く、ソフトウェア人材を求めているなどが認知されにくいこと、3つ目は新卒採用中心のイメージで、キャリア採用の認知度が低かったことでした。

トヨタのオウンドメディア「トヨタイムズ」では会社トップの想いやビジョンを積極的に発信し、外部メディアも活用して職場の雰囲気や仕事・文化をブランディングしていきました。その結果、転職活動をしている人には少しずつ認知が広がっていきましたが、今後キャリア採用により力を入れていくためには転職潜在層へもアプローチが必要であると考え、リファラル採用の導入を決断しました。従業員自ら自社の仕事の魅力などを伝えてもらうことが一番の方法だと考えたからです。

【準備】――従来の手法から脱却して活性化を図る

リファラル採用を制度化した当初は社内Ｗｅｂサイトや労働組合の会報誌で広報していました。しかし、ツールのない状況では紹介される人材が家族や近親者に偏ってしまい、多様な人材へアプローチしたい意図がきちんと伝わりませんでした。そこで、より紹介しやすくするためにＭｙＲｅｆｅｒのツールを利用してリファラルの活性化を図りました。

【認知】――人事担当者の地道な広報と取り組みやすさのＰＲ

各部署の人事担当者を通じて、リファラル採用の意義や制度を展開していきました。この際、より理解を促すために「ＳＮＳで友人を紹介する簡単３ステップ」といったＰＯＰや広報チラシを作成し、取り組みやすさを広めていきました。

【共感】――会社が大切にしている行動指針とマッチ

リファラル採用の制度の情報を伝えるだけでなく、社内Ｗｅｂサイトでリファラル採用の背景や思いについても発信していきました。従業員にとってリファラル採用とは、「自分で自分の会社・職場をよくしていくこと」につながる取り組みであり、「採用は人事でやるものだ」という従来のスタンスから大きく変わるものです。

採用や職場づくりを従業員が「自分ゴト」化することが、「トヨタウェイ２０２０」の行動指針にもつながるという想いでリファラル採用を推進しています。

【行動】――求人ポジションをわかりやすく紹介

トヨタ自動車の場合、求人ポストが１００種を超えるため、前述のとおりツールも何もない状況で従業員にすべてを理解してもらうことは困難です。実際に、社内でリファラル採用に関するアンケートを取った時に、「紹介しやすいツールが欲しい」、「情報を得られるツールが欲しい」という声もあったとのことです。友人・知人との話のなかで、自社の求人ポストを明確に伝えられるように、どの部門でどういうポジションを募集しているかを把握できるようにすることで、従業員の負荷を削減しながらリファラル採用を推進しました。

【実績】

リファラル採用により、２０２２年は20名程度の採用が決定しました。採用難易度の高い専門人材（先進技術やソフトウェアを担う人材や、ソフトウェアとハードウェアの両方の専門性を有した人材）のほか、事務部門（営業・管理部門等）も採用確度が高く、全方位的に実績が上がっており、社員のつながりによって求める人材を獲得することができました。また、過去トヨタで働いていた方が、リファラルで再度入社したというケースもありました。その方は一度他業界に転職したのですが、その会社でスキルを高め、「トヨタの理念と自分のスキルを掛け合わせて、またチャレンジしてみたい」という希望を持っていると、従業員からの紹介があったのです。そして専門性も当社の求めるスキルにマッチしているため、入社に至ったのです。

取り組みのポイント

トヨタ自動車は、新卒一括採用からキャリア採用に舵を切り、現在リファラル採用を推進している最中です。今後は、オウンドメディアや外部メディアなども活用し、どんどん認知と共感を広げていく方向で動いています。

現段階のポイントとしては、従業員への定期的な制度展開やヒアリングの実施を通じて、従業員から、仕組みづくりに活かせるアイデアや意見があがってきています。今後はそれらの声も活用し、より推進していきます。

採用課題と導入背景

●**多様な人材獲得の加速。**

●**ソフトウェア人材を求めていることが認知されにくい。**

●**キャリア採用の認知度が低い。**

●トヨタイムズや採用HP等での発信をふまえ、転職顕在層からはトヨタ自動車での採用の取り組みを認知してもらえるようになったが、**多様な人材をより獲得するためには、転職潜在層へのアプローチも必要と考え、リファラル採用を導入。**

成果

●**リファラル採用で年間20名ほどの採用を創出。**
先進技術やソフトウェア、ソフトウェア×ハードウェアといった採用難易度の高い専門人材をはじめ、事務部門も含め全方位的に実績が出てきている。

●**オウンドメディアや外部メディアも併用し、社員の生の声に即した信頼性の高い情報を伝えることで、モビリティカンパニーを見据えた企業イメージの変革にも取り組む。**

第6章

更に促進したい方へ

応用編

リファラル採用比率を30％以上にしたいあなたへ

リファラル採用を更に加速させる主要ＫＰＩ

　ここまでリファラル採用を導入・実行するために必要なことをお伝えしてきました。リファラル採用の導入準備から展開、浸透までの基本的なフローやステップはご理解いただけたと思います。ここまでの内容を実践すれば、どんな企業でもリファラル採用の仕組みをつくることができ、文化として定着することは間違いありません。

　第６章からは、さらにリファラル採用比率を高めていきたいという方向けの「応用編」を紹介していきます。

　応用編では、リファラル採用の成果を最大化するＫＰＩを要素分解し、それぞれの項目を底上げする具体的施策を解説します。

　最初に、リファラル採用の成果を最大化するうえで重要になるＫＰＩを３つに分解します。

リファラル採用の成果を最大化する3要素

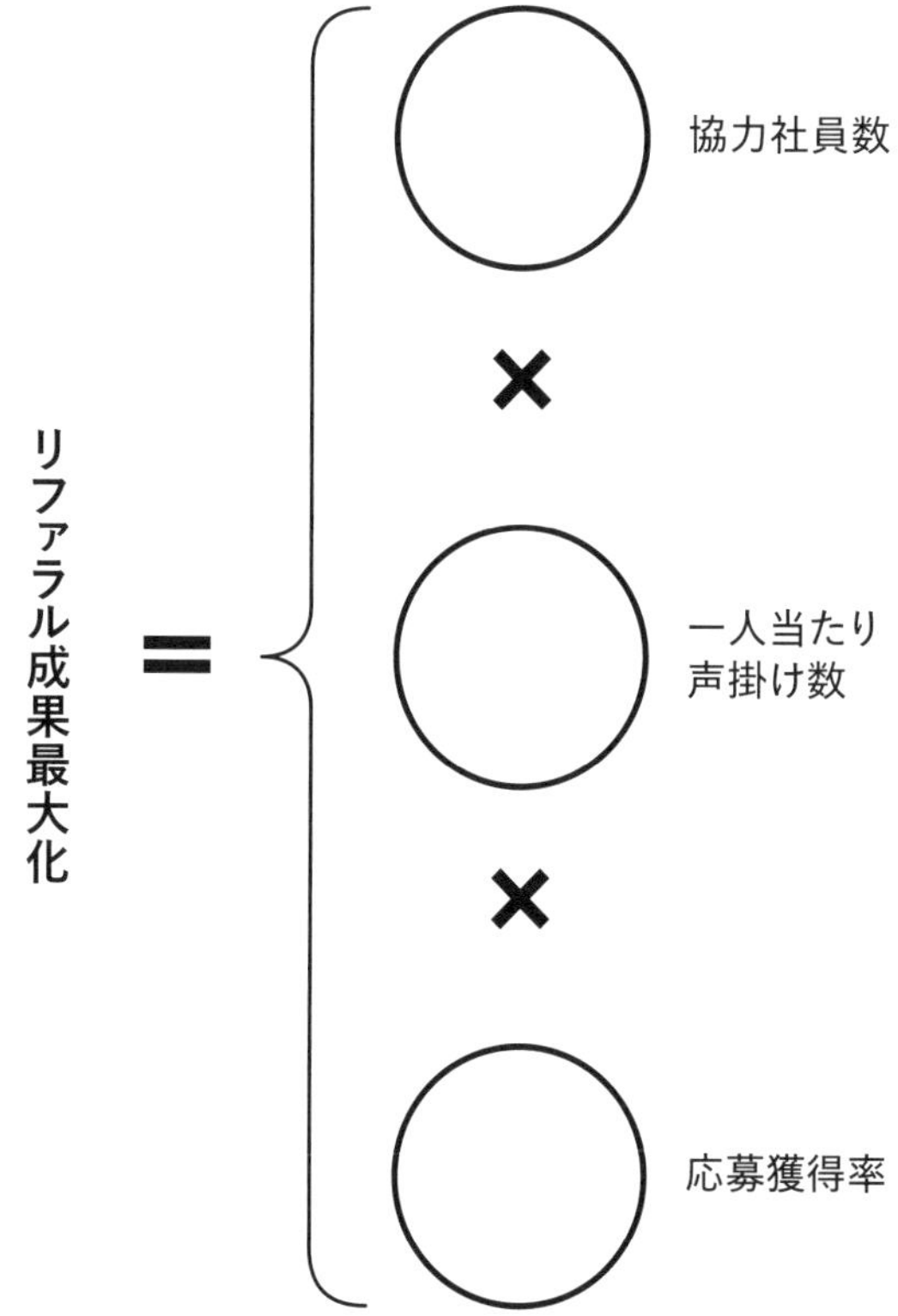

①リファラルに協力してくれる意欲のある「協力社員数」
②実際に声を掛ける行動に移してくれる「紹介社員数」
③声を掛けた後に応募意欲を喚起し、応募を勝ち取る「応募獲得率」

79ページの「戦わない採用TIPS②」にて、リファラル採用の健康状態を測るKPIを取り上げましたが、それらをより抽象化したものです。

6割は紹介したくても動かないパッシブ層

次に、リファラル採用における社員の傾向を分解します。リファラル採用で動く社員の属性は、自ら積極的に友人に声掛けをするアクティブ層と、自ら積極的には動かないものの、友人から仕事の相談を受ける機会があれば声を掛けてもいいパッシブ層、自社をおすすめしたくないネガティブ層の3種類に分かれます。

前述した「協力社員数」は、この「アクティブ層」と「パッシブ層」を足した従業員数だと定義できます。

「うちは従業員のロイヤルティが低いので紹介してくれないのではないか……」

このようなお声をいただくこともありますが、第2章で述べたとおり、リファラル採用は業界や規模を問わず、あらゆる会社において有効な手法です。

リファラル採用の「262の法則」

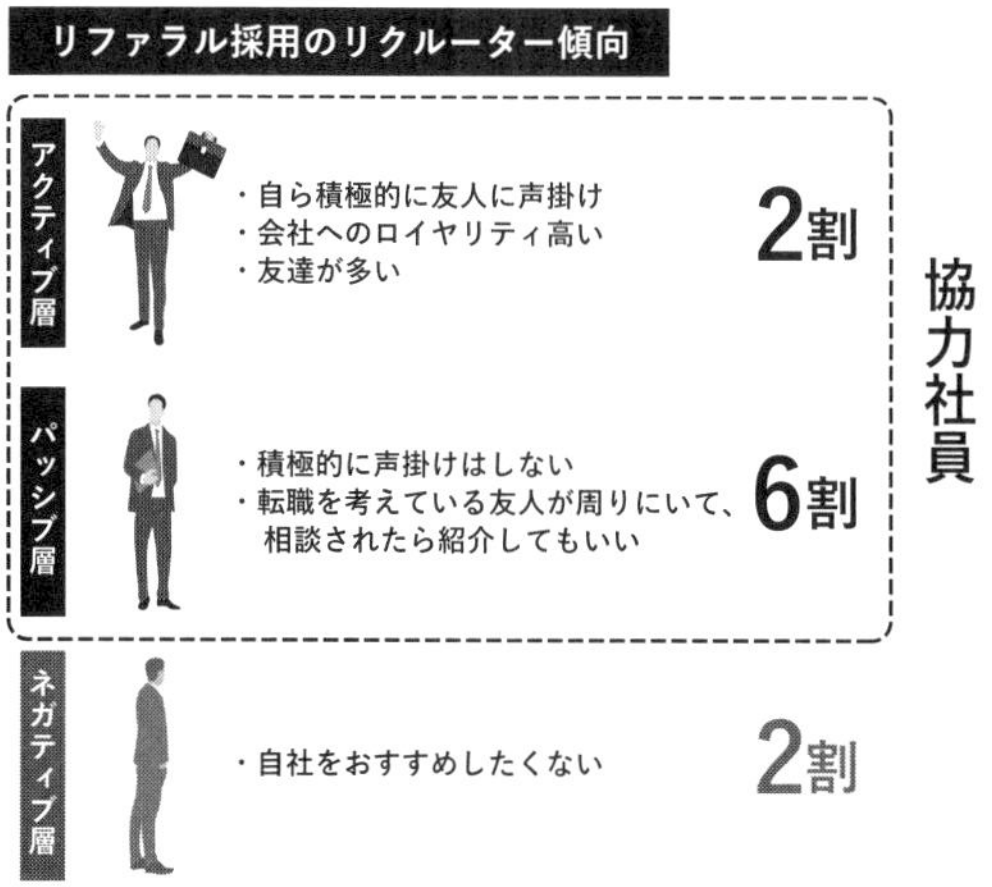

	傾向	割合	
アクティブ層	・自ら積極的に友人に声掛け ・会社へのロイヤリティ高い ・友達が多い	2割	協力社員
パッシブ層	・積極的に声掛けはしない ・転職を考えている友人が周りにいて、相談されたら紹介してもいい	6割	協力社員
ネガティブ層	・自社をおすすめしたくない	2割	

我々がこれまで数百社ご支援させていただいた統計から、ほぼ全ての企業で、アクティブ層、パッシブ層、ネガティブ層が2：6：2であることがわかっています。

つまり、多くの企業は従業員のロイヤルティが低いと一括りに捉えていたり、推進方法が間違っていたりするだけなのです。

重要なことは、従業員の傾向を踏まえたうえで、それぞれの属性に合わせてパーソナライズされた巻き込み方を実施していくことです。

では、これらを踏まえたうえでそれぞれのKPIに効果をもたらす施策をご紹介します。

「協力社員」の実態を掴むリファラルサーベイ

協力社員を増やしていくうえで重要なことは、アクティブ層とパッシブ層の特定と、それぞれの社員の声から課題を特定することです。

アクティブ層のなかには、実際に声掛けをして応募を獲得した社員もいれば、声掛けしたものの応募に至っていない社員もいます。パッシブ層のなかには、「制度を認知しているが、まだ行動に至ってない社員」もいれば、「制度すら認知していない社員」など多様な社員がいる状態でしょう。

また、意識や認知度だけでなく、「各社員には紹介できそうな友人・知人がいるか」という社員が持つ潜在的なつながりの数も、リファラルを伸ばすうえで重要な要素です。

そこで、リファラルの認知度及び従業員の会社のおすすめ度、社員が持つ友人・知人のつながりがどれくらいかを可視化することが求められるのです。この可視化の施策として半年ないし1年に1回程度のリファラル採用サーベイが考えられます。サーベイによって現場の課題を抽出することで、効果的な巻き込みが可能になるのです。

これら3つのサーベイ施策をより具体的にご紹介します。

①リファラル採用の認知度調査と施策

リファラルの認知度の調査としては、「自社でリファラル採用に取り組んでいることを知っていますか」「具体的にもらえるインセンティブの金額を知っていますか」「この部署で募集していることを知っていますか」といった項目が挙げられます。

これらの調査結果を踏まえて、社内巻き込み施策に活かしていきます。

例えば、リファラル採用の制度を認知していない従業員に対しては、「リファラル採用の制度はこういったものです」と事例とともにメッセージングしていく方法などが考えられます。また、制度は認知しているけれど、求人に対しての深い理解がなかったり、他部門での求人には感度が低かったりする方に対しては、現在自社で採用熱の高い求人情報を告知していくといったアプローチが検討できます。

さらに、フリーコメントで課題やアイデアを吸い上げることも有効な方法の1つです。ある人手企業のリファラル認知アンケートのフリー項目に寄せられた意見を一部ご紹介しましょう。

【認知度調査のフリーアンサーに寄せられたコメント（一部）】

「私自身は漠然とキャンペーンとして期間限定でやっている制度かなと思っていたので、常にこの制度を使って募集しているというのを周知した方が良いのではと思います」

「営業職などの職種は常に募集しているだろうとは思いますが、その他の職種の募集状況がわからないので、社内イントラで定期的に募集ポジションをオープンにすることや、人事から定期メールを配信するなどは有効な方法かもしれません。

制度があるから誰か知り合いにいないか探すというよりは、友人・知り合いと会ったタイミングで、『そういえば……』と思い出すものだと思うので」

「募集ポジションが簡単にわかるリンク先などを各社員に配っておき、メールベースで紹介したいターゲットに送れるようにしてほしい。『いい人！　一緒に働きたい！』と思ったらそのリンクを友人に送って応募してもらうことができる。できれば、ＳＮＳなどで拡散しても問題ない内容だと使い勝手よいと思います」

こうした意見があると、運営方法自体をアップデートできるだけではなく、質問者の当事者意識が高まり、サポーターになってくれるという利点もあります。

②おすすめ度・エンゲージメントの調査

自社をおすすめしたいかどうかやエンゲージメントを推し量るには、「会社において成長実感があるか」「ワーク・ライフ・バランスは取れているか」「心理的安全性はあるか」といった設問項目が考えられます。

各従業員が、「自社のことをおすすめしたいと思っているのか」、また「特にどこをおすすめしたいと思っているのか」を抽出していく方法として有効です。

施策としては、例えば、自社のおすすめ度に関しては、「全くおすすめしたくない」という回答をした社員には広報頻度を落とし、おすすめ度が高い社員、あるいはニュートラルな社員に対して高頻度で広報をしていくというターゲティングも考えられるでしょう。

リファラルサーベイのポイント

自社のファンを特定。VSの関係ではなく、ともに仲間集めをするサポーターとして協力してもらう

- 自社のファンを特定し、「よりどうなれば紹介したいか？」に耳を傾け、自発的なサポーターになってもらう
- サポーターが自社を友人に語ることに自信を持ってもらう
- 一緒に組織を創る仲間として迎え入れてあげる

③リファラルポテンシャルの調査

リファラルのポテンシャル調査に関しては、「あなたの身の回りで声を掛けられる対象はどれぐらいいますか」「どれぐらいのタレントプール数が見込めるか」というところをアンケートで抽出をしていくことになります。

調査の結果、リファラルポテンシャルが高いことがわかった社員に対しては、個別にアプローチを取っていきます。例えば、実は前職で同様の業界に勤めていて、10人もの優秀な元同僚とつながっていることがわかった方には、個別にメッセージを送り、リファラルの背中を押していくなどが可能になります。

このように、リファラル採用を切り口にアンケー

ト調査を行うことで、リファラル採用の制度自体をブラッシュアップしていく手立てを得ることもできるでしょう。前述したように、「リファラル採用についてわかりにくいことはありませんか？」「どういったものがあったらよりおすすめしたくなりますか？」といったフリーアンサーから改善の道を探ることもできます。

リファラル採用3.0のポイントは、サポーター（社員）の声に耳を傾けることです。これにより、社員がリファラルを「やらされ仕事」と捉えるのではなく、「自分ゴト」化していくことにもつながります。

「一人当たり声掛け数」を増やすEVPブック

続いて、リファラル成果最大化の要素である、「一人あたり声掛け数」を増やすための応用施策を説明します。

114ページで紹介した「STEP②共感」にて、透明性の高い情報提供が必要であるという説明をしました。そのなかで、実に40％近い社員が自社の魅力を伝えることが苦手であり、そのうちの多くが「人事制度やキャリアパスに関する情報」「会社の経営や事業に関する情報」

従業員は自社のことを語るのが苦手

社員は経営陣や人事が思っている以上に自社のことを知らない、語れない

Q. 友人・知人に自社で働く魅力を伝えることは得意ですか？

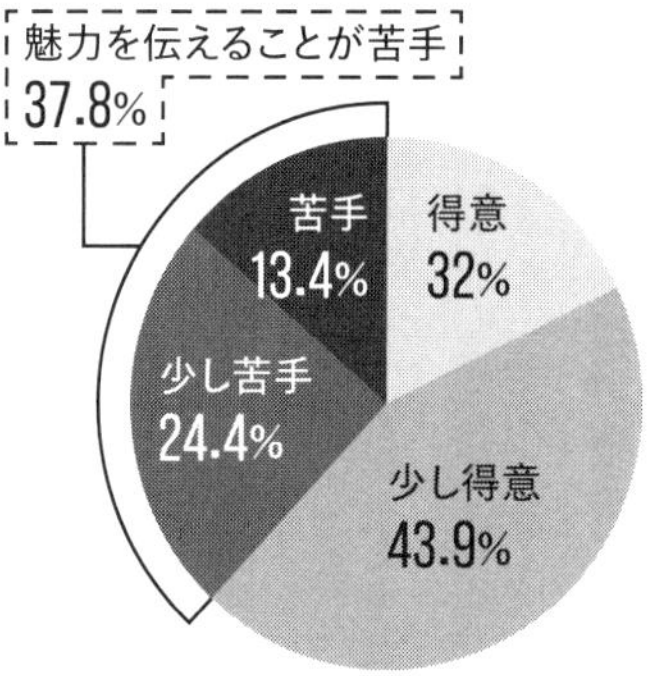

Q. どのような要素があれば、友人・知人へ自社で働く魅力を伝えやすいですか？

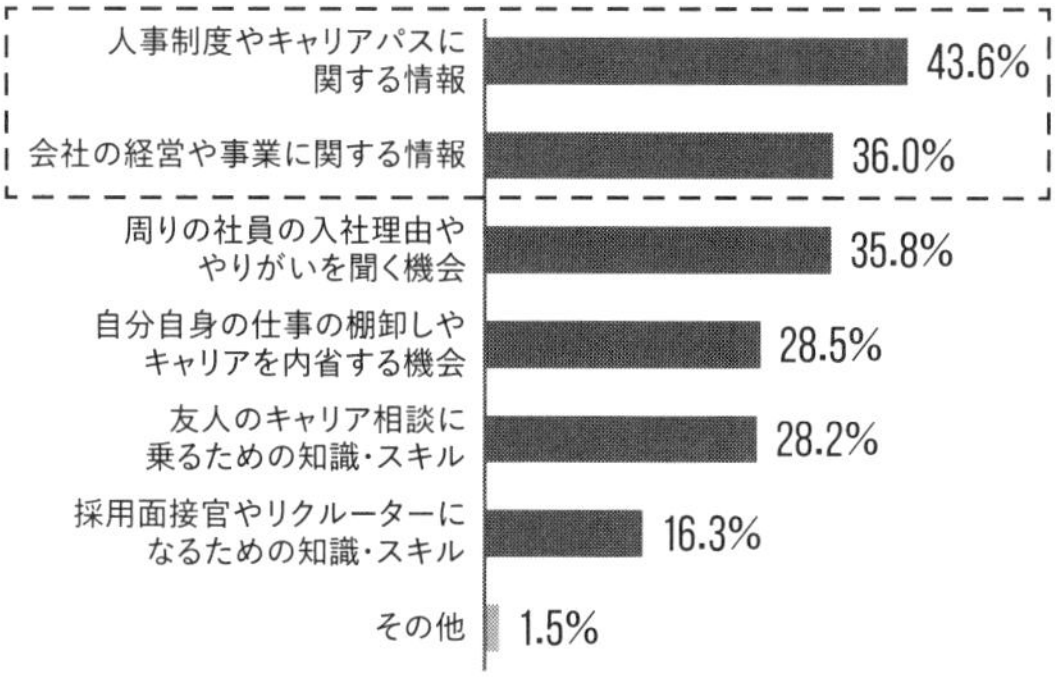

出典：2021年5月MyRefer調べ　N=344

などがあれば伝えやすいというデータについても触れました。

ここでは、さらに声掛けを加速する施策として、社員が自社を語りやすくなる素材を流通させるアピールブック、「ＥＶＰブック」について説明します。

ＥＶＰブックの活用施策は、すでに声掛けをしてくれているアクティブ層を対象とした施策に思えますが、自社のことを魅力的に語れないからまだ声掛けしていないというパッシブ層にも効果があります。

社内外に一貫性のあるメッセージを届けるＥＶＰ

ＥＶＰとは、「Employee Value Proposition（エンプロイ・バリュー・プロポジション）」と呼ばれるもので、企業が従業員に提供できる価値のことです。

これまで一般的に企業ブランドというのは、「この会社は安定性がありそうだよね」という抽象的な概念でしかありませんでした。

それに対して、ＥＶＰはより具体的な従業員に対するメリットが含まれており、かつそこで働くうえでのポジティブな感情も含まれています。

社外に対しては自社の情報をＰＲしていたとしても、社内には特段伝えられておらず、一貫性がある発信になっていないというケースは多いのではないでしょうか。

ＥＶＰはこうした課題を解決するために、従業員が受け取る価値と外に伝わっている具体的な価値とを連携させるためにも必要となる考え方です。

日本マクドナルドでは、「企業が従業員に対してどのような価値を提供できるのか」を突き詰めてＥＶＰを設計しており、店舗での雇用や人材育成、フレックス制度・在宅勤務などのワーク・ライフ・バランス、キャリアアップなどの労働環境を可視化して「従業員や求職者のニーズ」に「会社が提供する価値」を寄り添わせています。そして、これらの作業を通じてＥＶＰを策定し、社外にも公表しているのです。

ＥＶＰの考え方は、長らく新卒一括採用がメインであった日本においては、そこまで一般的ではありませんでした。

これまでの日本における新卒採用は総合職がメインであり、社格や事業内容などのシンプルな特徴を整理することで事足りていたのです。

そのため、ＥＶＰを整理するフレームワークもありませんでしたが、キャリア採用においては営業職、技術職、事務職、専門職など幅広いターゲットに対して魅力を伝える必要があります。

昨今では雇用の流動性が増しています。また、企業が経験者採用を強化しており、事業・文化・ヒト・報酬・キャリア・働く環境など、候補者が重視する志向性も多様化してきています。

こうした背景から、当社では日本初の試みとして、「ＷＯＲＣＳ」というフレームワークを提唱して、企業の魅力整理のツールとして提供しています。

「ＷＯＲＣＳ」のフレームでは、

・働くうえでの環境を提示する「Ｗｏｒｋ ｅｎｖｉｒｏｎｍｅｎｔ」
・人材開発の機会・キャリアを整理する「Ｏｐｐｏｒｔｕｎｉｔｙ」
・報酬・ベネフィットを指す「Ｒｅｗａｒｄｓ」
・文化や人を示す「Ｃｕｌｔｕｒｅ」
・自社の魅力を事業や戦略として伝える「Ｓｔｒａｔｅｇｙ」

の5つのフレームに合わせて自社の魅力を棚卸ししていきます。

リファラル採用においては、自社だけでなく、友人・知人のニーズにも目を向けることが求められます。例えばキャリア採用においては、「友人は成長の機会を望んでいる」「この知人は最近結婚をしたので、どちらかというと安心して働ける環境を望んでいる」「友人は○○のスキルを活かして働きたいと思っている」「この知人は会社のパーパスを重視している」といった様々な背景があるでしょう。

リファラル採用に動く際には、ターゲットに合わせて自社の魅力をどう訴求していくかが大

TalentXが提唱するフレームワーク　WORCS（ワークス）

Work environment 働く環境	・自律性 ・勤務地 ・フレキシブルな働き方 ・多様性 ・オフィス／ファシリティ
Opportunity 機会・キャリア	・成長機会 ・抜擢機会 ・キャリアパス ・昇格率 ・実力主義 ・人事システム
Rewards 報酬・ベネフィット	・給与、賞与 ・手当、保障 ・健康面のベネフィット ・退職時のベネフィット ・年次休暇
Culture 文化・人	・共通のゴール ・信頼、絆、友情 ・チームワーク／コラボレーション ・スタッフクオリティ ・風通し
Strategy 事業・戦略	・マーケットポジション ・規模 ・社会的信頼／倫理観 ・産業の特徴、成長性 ・顧客評価

事になります。前述したとおり、経営や採用担当の方々は、日々自社を魅力的に伝えるコミュニケーションを重ねていますが、現場の従業員にとっては自社を魅力的に語る機会は多くありません。

そのため、私たちはＥＶＰフレームワーク「ＷＯＲＣＳ」に則って自社の魅力を棚卸しし、それをベースにコミュニケーションを取る重要性をお伝えしています。

ＥＶＰフレームワーク「ＷＯＲＣＳ」には、それぞれどういった内容を記入するのか、簡単に事例を紹介しましょう。

大切なことは、それぞれの項目に対してきちんとデータを取得して、自社の魅力を書き出していくことです。その後は、これらの魅力を自社のＰＲ資料として完成をさせます。

ＥＶＰフレームワーク「ＷＯＲＣＳ」をゼロベースで作るのは簡単なことではないので、できるところから着手することや当社が提供しているサービスを使って省力化するなどの適切な方法を検討していけるとよいでしょう。それぞれの項目の精度ではなく、自社の強みをきちんと洗い出して社内外に伝えられるか、ということが重要です。

ベンチャー企業の「WORCS」事例

Work environment 働く環境	・リモートワーク可。 ・私服ＯＫ。 ・神楽坂徒歩7分、透明性のあるオフィス環境整備。 ・既婚者が４割ほどで、時短・育休・復帰の制度と実績あり。 ・男性向け育休〜１歳まで。
Opportunity 機会・キャリア	・Ｗｉｉを重視するＭＢＯ目標設定。 ・ベンチャーだからこそ昇格スピードが速く、昇格率平均は 35%。 ・メンバーとして入社後３年で執行役員になった実績も。
Rewards 報酬・ベネフィット	・スタートアップ環境への挑戦と安心がセットの環境。 ・初年度から 10 日の有給休暇、夏季休暇も５日特別休暇として付与。 ・フレックス制度。 ・プロフェッショナル書籍購入制度（書籍購入費の支給）。 ・筋トレスペース、機材完備。
Culture 文化・人	・変化に激しくイノベーションの速度が速い。 ・３ヶ月に１回のスパンで新商品・サービスが立ち上がっていくスピード感が特徴。 ・プロフェッショナルキャリア採用に加え、創業期から新卒採用にも注力。 ・従業員の平均年齢も若く、年齢に関係なく抜擢される文化。
Strategy 事業・戦略	・少子高齢化による労働人口減少、DX 化・ジョブ型雇用の加速など、市場の転換期である人材業界には、さまざまな新規事業立ち上げのチャンスがある。 ・日本初の採用マーケティングプラットフォーム“My シリーズ”を運営（800 社の企業、70 万名の社員が利用）。 ・国内時価総額上位 50 の１／３が顧客として利用。

なお、洗い出し方として推奨している方法は2つあります。

1つ目は、「自社の従業員は自社のどこに強みや魅力を感じているのか」をアンケートで吸い上げていくアプローチです。当社のMyReferシステムを用いて、リファラル採用で従業員がおすすめしている自社の口コミデータを分析することも可能です。

2つ目は、「自社のターゲット候補者は自社に対してどういう印象を持っているのか」を見出すことです。これは選考の過程でアンケートを取ったり、リサーチパネルを活用してアンケート調査をしたりすることで見えてきます。

これらの社内外の声と、自社が今後向かう方向性を踏まえて企業文化の中心となるEVPを設計していきます。

EVPブックの作成は、リファラル採用のKPIに照らし合わせると、紹介社員数を増やすことにもつながります。また、これまで自社を魅力的に語れなかったので友人・知人に声掛けできてなかったという従業員も、動き出すことができます。「言われてみれば、うちの会社にはこういう魅力があった。だったら、この友人にも声掛けができるかも」との考えが広がり、1人当たりの紹介数・声掛け数も増えていくことが期待されます。

戦わない採用TIPS④　ネガティブな情報も友人に伝えていく？

リファラル採用は、よくも悪くも自社のリアルな情報を伝達していけることが大きな利点です。EVPなどが用意されていれば、自社の「よさ」は伝えやすくなるでしょう。一方で、友人・知人を思えばこそ、ネガティブな情報も事実ベースで伝えることも必要になります。

この際に重要なのは、自社の課題のトレードオフにある魅力とセットで伝えていくことです。例えば、少人数で運営しているベンチャーであれば、デメリットは1人当たりが携わらなければならない業務が多いということになります。しかしその裏側にあるメリットとして、自分で手を挙げればどんな仕事でも拾いにいくことができる成長環境が用意されている、ということが挙げられるのです。

ここでもイメージがしやすいようにベンチャー企業を例にとって説明しましょう。

「手厚い研修やオンボードはない」ことがじっくり仕事を覚えたい人にとってはデメリットになりますが、「自分で前例を作り、最速で成長したい人にはマッチしている」ことがトレードオフの関係でメリットとして挙げられます。

課題とトレードオフの魅力

課題		トレードオフの魅力
高いコミットメントが要求されるベンチャーであり、**責任が重い。**	⇔	少数精鋭のベンチャーであり、**1人の介在価値が大きい。**
まだ前例のない市場のため、**手厚い研修やオンボードはない。**	⇔	指示待ちではなく自律自走が求められる。**自分で前例を創ることができる。最速で成長したい人にマッチしている。**
まだ○○名の組織であり、**自分の仕事以外にも幅広い視点と仕事が求められる。**	⇔	オーナーシップを持って自分の業務以外にも取り組める。**自分次第で幅広い業務について責任を持って進められる。**
事業成長と環境変化の速度が速く、**自分のペースで働きたい人には厳しい。**	⇔	意思決定が速い。**不況などの環境変化に強く、会社と事業、個人の成長速度が速い。**

また、「自分の仕事以外の幅広い視点と業務が求められる」ことは仕事を多く抱えたくない人にとってデメリットといえますが、手広くやりたい人にとっては「自分次第であらゆる業務を経験できる」というメリットにもなりうるのです。

こうしたメリットとデメリットを整理して図表で示していくことも、友人・知人への声掛けを後押しすることにつながるでしょう。

「応募獲得率」を増やすタレントプール

これまでも言及していますが、リファラル採用の制度を伝えても、すぐに動き出してくれる社員だけではありません。様々な事情があると思いますが、そのなかには「転職したい友人なんて周囲にいない」「友人がキャリアについてどう考えているかなんてわからない」といった思いもあります。そういった社員に向けた施策として有効なのが、「タレントプール」です。

「タレントプール」とは、自社で将来採用の可能性がありそうな人材に関するデータベースのことです。現時点では会社が求める人材ではないものの、今後の事業展開や従業員の入退職によって発生する人材需要の変化に対し、人材をゼロから探すのではなくこのデータベースからピックアップして迅速な採用を可能にするものです。このデータベースに、従業員の潜在的な友人・知人情報を蓄積（プール）しておくことが効果的です。

自社の社員の潜在的なつながりをデータとして蓄積する方法はあるのでしょうか。

通常のリファラル採用では、従業員はせいぜい身の回りの知人2～3人を思い浮かべる程度であり、自分がつながっている全データを洗い出すということはしません。

ゆえに、タレントプールを構築するうえでは、通常のリファラル採用とは違った角度で、紹介のポテンシャルを引き出す必要があるのです。

ここではその方法として、「リファラル採用以外の目的でデータ蓄積する方法」と「ワークショップなどでデータ蓄積する方法」の2パターンを紹介します。

①リファラル採用以外の目的で、潜在データを蓄積する方法

リファラル採用以外の目的でタレントプールを蓄積していく方法として、「リファラル会食制度」が挙げられます。

90ページでも少し触れましたが、「営業実績が豊富で転職希望の友人・知人に声を掛けてください」といっても動かない従業員も、「友人との会食費を支給します。その代わり、会食に行く場合はそれを申請する際に、どこの会社の誰と行くのかをセットで申請をしてください。加えて、会食後はその友人は転職意向があるかどうか、その友人についてのおすすめコメントも入力してください」といった制度で後押しすることで、動き出す可能性があります。

現在転職を考えている友人を頭のなかで検索して、「特にいないな」とリファラルに動かない従業員はとても多いものです。

それに対して、「転職するしないにかかわらず、会食をしたら支給します」という伝え方をすると、転職の潜在層も対象になり、格段にハードルを下げることができます。「前職の後輩、優秀だったけれど最近どんな状況かな?」といった気軽さで声を掛けることができるようになります。

そして、事前申請とすることで制度の不正使用を抑制し、さらには潜在層のデータベース化を図っていくことができるのです。

会食の誘い方として、「声掛けテンプレート」を用意している企業もあります。

従業員からすると、久しぶりの友人・知人に対する最初の一歩が踏み出しにくいものでしょう。定期的に会っているなど、ずっと仲がよい関係性であればいいのですが、「2年ぶりに連絡して、変に思われないかな?」「警戒されたらどうしよう……」と心配になる方もいるでしょう。

例えば、やや硬めの誘い方としては、「当社では、〇月からエンジニア職の採用を強化しています。もし最近キャリアのことで考えていることがあれば、『すぐに転職』ということでなくても構わないので、少し情報交換しませんか?」といった誘い方も考えられます。

また、全くキャリアの話を出さずに、「久しぶりに何しているか聞きたいから、飲みにいかない?」などでもいいでしょう。

こうした「声掛け集」を提供したり、あるいはリファラル採用の成功事例記事のなかで「どのような声掛けをしたか」を盛り込んだりしていくことが、従業員が友人・知人を誘うヒントになっていきます。

②リファラル採用目的のワークショップで、潜在データを構築する方法

従業員向けのワークショップを通じて、リファラルの情報を構築していく方法も有効です。

そのワークショップでは「メモリーパレス」という手法を用います。

「メモリーパレス」の本来の意味は、覚えておきたいことと特定の場所などのイメージとをつなぎ合わせ、その印象で長く記憶に留める記憶術のことを指します。特定の場所で印象深い事

柄は記憶に残りやすいという脳の働きを応用したものですが、リファラル採用においてはこの働きを利用して転職の潜在層を探ります。

例えば「現在転職を考えてなくていいので、前職で圧倒的に売っていた営業TOP3を挙げてください」、あるいは、「学生時代に優秀だと思った友人、上位3人を挙げてください」といった問いを投げかけ、転職意向問わず抽出していくのです。こういった投げかけをしていくと、「転職意向者を探さなければ」というバイアスが外れて、優秀な人材の情報がどんどん挙がってくるようになります。

ベンチャーなどであれば社員全員で実施することも可能でしょう。大規模な企業の場合には、現在採用ニーズが高い職種とつながりがありそうな従業員を対象としていくことがベストです。エンジニア採用を強化したいのであれば、まずはエンジニアのみでワークショップを実施していくのも一案です。

また、「メモリーパレス」ではFacebookなどのSNSの友人一覧を眺めながら、リストアップしていくことが多いです。純粋に思い出しやすくなることに加え、ＳＮＳでつながっていれば基本的に連絡を取ることができるからです。

そして、ワークショップによってできあがったリストをもとに、アクションにつながるような行動計画を作成していきます。

なお、最終的に会社としてデータを取得する場合は、友人の許可を取ってもらうなど、個人情報保護に留意して実施していきましょう。

会社とつながる全員をファンにする必要性

ここまでは、従業員をサポーターにしたリファラル採用を、いかにして推進するかという目的で、メソッドや具体的施策を説明しました。

ここでは、従業員のみでなく、会社とつながる全員をサポーター・ファンにする施策をご紹介します。

冒頭でもお伝えした若者の就業感の変化に伴い、近年は、個人を取り巻くつながり（コミュニティ）の在り方も変化しています。

従来は、個人が所属するコミュニティは、会社や家族、その他親しい友人くらいの「狭いコミュニティ」でした。

一方で現在は、会社や家族や親しい友人・知人に加え、ＳＮＳの友人・知人（前職の友人や学生時代の友人など）、趣味やオンラインサロンで出会った友人・知人など、「広くつながり続けるコミュニティ」に変化しています。

このような個人の志向性やつながりの変化により、会社に求められるコミュニケーションの在り方も変わってきています。

これまでは企業から従業員への一方的なコミュニケーションが多く、退職後は関係が途絶えてしまうというのが一般的でした。

今後必要になるのは、双方向のコミュニケーションを意識することです。

また、従業員に対してのみでなく、退職した社員やその周りの友人・知人、ご縁がなかった

会社とつながる全員をファンにする必要性

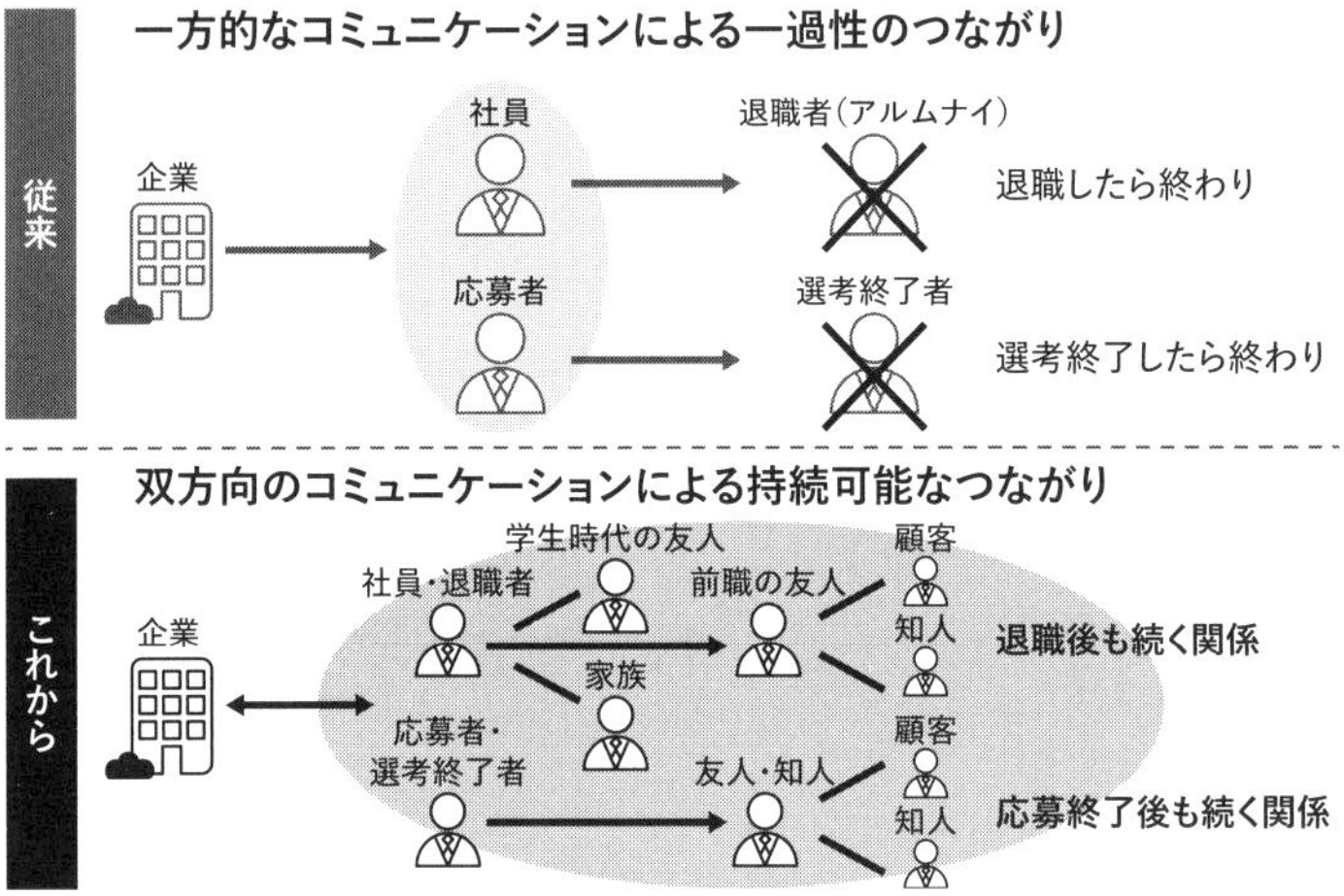

応募者とつながり続けること、つまり、「会社とつながる全員をファンにする」という考え方が重要になります。

社員のみでなく、退職社員や応募者の周りにも友人・知人がおり、その更に周りにも友人・知人がいます。これらのつながりのすべてが将来的な自社の候補者であり、顧客となる可能性があるのです。

ここでは、特に企業を取り巻くサポーターとして、元社員のつながりを活用したアルムナイ採用について説明します。

リクルーターを拡張する「アルムナイ×リファラル」

アルムナイ（alumni）の語源は、「卒業生、同窓生、校友」を意味する英語「alumnus」の複数形です。企業にとっては、自社の退職者・元社員にあたる関係性の人材を指します。

アルムナイ採用は、自社を退職した人を再雇用する取り組みです。

以前から外資系企業では一般的な制度であり、例えば、「デロイト アルムナイ」というキーワードで検索すると、「デロイトアルムナイホームページ」やそのコミュニティがヒットします。

近年では、日本全体で９％の企業、従業員数５，０００名以上の企業では20％がアルムナイ採用を導入しています。

終身雇用が大前提の時代においては、転職する人に対する忌避感が強いものでしたが、転職が一般化した昨今においては、企業と元従業員の個人が、ある種の対等な関係で退職した後も関係性が続く、というケースは増えているといえます。

アルムナイのメリットは大きく3つあります。

1つ目はリハイヤー（出戻り）採用のため自社とのマッチング率が高いということ、2つ目は卒業した社員からリファラル採用にもつながっていくということ、3つ目はビジネスネットワークが拡大するということです。それぞれ詳しく見ていきましょう。

リハイヤー（出戻り）のためマッチング率が高い

アルムナイで採用しようとしている人材は元々自社で働いていた社員なので、社内にはたくさんの参考情報がある状態です。かつて同じ部署で働いていた社員に聞けば、仕事に対してどのような姿勢なのかもわかりますし、勤務時の評価を参照することもできます。「彼に関してはすぐに戻ってきてほしい」「選考免除でもきてほしい」といったニーズも明確化することができるでしょう。

また、人材も自社の内情を理解していることが多く、基本的にカルチャーフィットしている状態なので効率がよいともいえます。

一方で、「自社を不義理な形で去った人材も対象に入れるのか？」「評価が悪い社員を対象に入れるのか？」など、全退職者を対象にするのか、それとも部分的に対象にするのかなどを、自社の企業文化に合わせて考慮する必要があります。

例えば、「カムバック制度」という仕組みを作り、人事のリファレンスと自部門の上司のリファレンスがあれば出戻りができるとしているケースもあります。上司の評価だけでは、その上司とソリが合わなければ戻ることができないので、そこは両者から見た視点を重視しているのです。

また、卒業するタイミングで「退職者アンケート」をとって、退職後も空きポストについて声を掛けてほしいですか、といった意向を尋ねる企業もあります。そのアンケートでは、退職理由やどこの会社へ転職するかといった情報も取得しており、データベース化しておくことが多いです。

さらに、制度導入の段階でいうと、すでに退職をした方々に登録をしてもらうのか、今後卒業する方を対象にするのかも、企業によって意見が分かれます。前者の場合には、採用ホーム

富士通アルムナイホームページ例

ページに「アルムナイ採用始めました」などのプレスリリースを出して応募を募るようなケースもあります。

例えば、富士通のホームページには、アルムナイについてのページが設けられ、フォームに登録後、会社から声を掛けられるようにしています。

退職者のつながりを活用するアルムナイリファラル

たとえ卒業したとしても、辞めた会社に対しては愛着を持っている人が多いので、そこから

アルムナイをエンゲージメントする

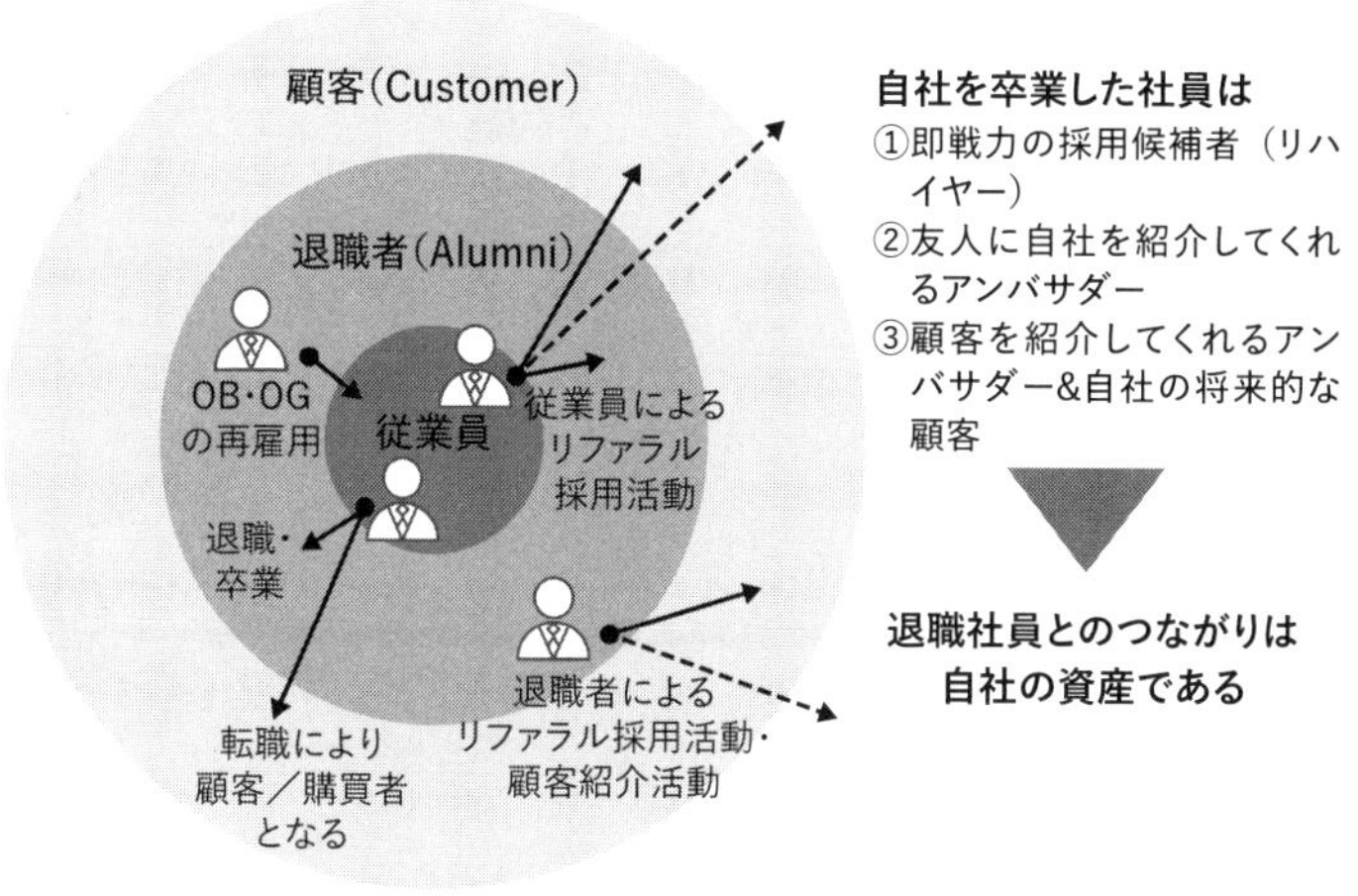

の友人・知人の紹介が発生することもあります。

　アルムナイの場合、リファラルに対するインセンティブの制度設計は難しいのですが、友人から相談を受けて、「だったら、前職の〇〇は合っていると思うよ」「△△さんのやりたいこと、今の〇〇ならできるよ」といったリファラルが起こるケースは大いにありえます。

　そのため、卒業社員に対しても、リファラル採用を実施していることは定期的に周知していく、つまりアルムナイをエンゲージメントしていくことは重要な施策といえます。

ビジネスネットワークの拡大

あるビジネスパーソンがコンサルティングファームを辞めた後、事業会社の経営企画へ転職するといったケースはよくあります。この場合、辞めた社員が今度は取引先となります。

他にも、人材業界で働いていた人がその手腕や知識を買われてベンチャーの人事部門に移ることも多いです。こちらも、人材業界の企業からすると、卒業社員が顧客になったことになります。

つまり、卒業した社員のデータベースからビジネスネットワークが拡大していくことは、十分にあり得るのです。

リファラル制度とアルムナイ制度は別物なので、「アルムナイはアルムナイとして制度を考えればいい」という捉え方もありますが、私たちが接している企業では、リファラル採用とアルムナイをセットで設計しているケースは多いです。

その理由としては、大きく2つ挙げられます。

1つ目が、「退職者のつながりを活用するアルムナイリファラル」で挙げたとおり、卒業生までリクルーターの母数が広がるので紹介が増えるという点です。

2つ目が、現職の社員から辞めた社員への声掛けがなされ、既存社員からのリファラルが増えるという点です。

辞めた社員にとっては、いくらアルムナイ制度があったとしても、再度自ら応募することは気が引けるという心理があるようです。そんななかで、元同僚など現職の社員から、「最近アルムナイ制度がスタートしたけれどどう?」と声掛けがあったほうが応募しやすくなります。それを「リファラル」と呼ぶのか「アルムナイ」と呼ぶのかは、単なる分類の話でしょう。つまり、リファラル×アルムナイは親和性が高い取り組みであるといえます。

既存社員の友人・知人も、アルムナイ社員も、過去応募者も、すべてのステークホルダーが候補者になりうる時代です。会社とつながる全員をファンにするという考え方を持つことが、戦わない採用につながるのです。

最終章

採用マーケターのあなたへ

ここまで長くお読みいただきありがとうございます。いよいよ最終章です。

「戦わない採用」の重要性や「戦わない採用」を可能にするリファラル採用の本質的な価値、社員をファンにするリファラル採用の推進方法、そして国内企業の成功事例など、明日から実践できるメソッドとしてご説明しました。特に、従来の採用手法と比較して、マーケティングの要素が求められることは、十分ご認識いただけたかと思います。

最終章では、海外を例に採用担当者自身がより高みを目指すうえで重要となる「採用マーケター」という概念についてご説明します。

採用マーケターという新職種

読者の皆さまは、採用マーケターという言葉はご存じでしょうか?

コロナの到来、DX化の推進、Z世代の社会進出などにより、日々難易度が高くなる採用市場において、従来のような「募集をかけて待つ」だけの採用から、「戦略的にタレントを獲得する」知恵が必要になってきていることはこれまで述べてきたとおりです。

そんななか、海外においては「採用マーケター」という職種がスポットライトを浴び始めています。

日本では、長らく新卒一括採用をベースとした人事システムを構築してきた影響で、人事は管理部門におかれ、コストセンターとして位置付けられてきた歴史があります。

そのため、リクルーティング業務も「人事・採用担当」という一括りの役割で組織されてきました。

読者の皆さまのなかに採用担当者がいる場合、求人のライティングやスカウト業務だけでなく、ブランディング、求人媒体の管理、エージェント管理、日程調整、面談、面接官トレーニングなど多様な業務を担っていることでしょう。

しかしながら、第四次産業革命が到来し、Z世代が社会進出し、事業構造や求められる職種、候補者の志向性が複雑化する昨今においては、各役割に、さらなる「専門性」が求められるようになってきています。

例えば、エンジニアと営業職では候補者の転職における志向性が全く異なるため、別々の採用戦略を打つ必要がありますし、母集団形成施策やブランディング、面接官トレーニングなどもより専門性が求められるようになっていきます。

海外ではすでに採用活動の役割分担が起きています。スカウトや候補者プールの運営をする役割は〝ソーサー〟、エージェント管理などをしながら応募以降の選考を捌き、採用に結び付ける役割は〝リクルーター〟、オペレーションの効率化や面接官トレーニングなどの役割は〝リクルーティングコーディネーター〟と呼ばれ、これらの上流でブランディング業務を担うのが〝採用マーケター〟と定義されています。

こうした構造は、営業職に置き換えるとわかりやすいかもしれません。

従来は、営業がテレアポから提案書作成、商談、クロージング、顧客サポートを全て一括で担っており、それを「営業職」と一括りで呼ばれていました。

近年ではインサイドセールス、フィールドセールス、カスタマーサクセスなどに役割が細分化され、それぞれの専門性が高まっています。

このような、営業を分業して業務効率を高める組織構造は「ＴＨＥ ＭＯＤＥＬ」と呼ばれ、個人に依存しない再現性を見出すとともに、各職種の専門性を活かして組織全体の生産性を向上させています。

海外においては、この「ＴＨＥ ＭＯＤＥＬ」の組織トレンドが採用においても当たり前になっているのです。

特に、本書でも説明したような転職の潜在層に働きかけ、候補者を増やす役割は重要視されており、採用マーケティングの専任担当である「採用マーケター」の重要性がますます高まっています。

Ａｍａｚｏｎの採用マーケター

採用マーケターは、採用の直接的責任を負わず、代わりに企業のブランドストーリーを伝えることで、採用担当者を補完する役割を担います。

具体的には、企業の採用ブランディング策定から採用サイトの管理・ＳＮＳや口コミサイト等に寄せられる企業の評判の管理などといったブランディング全般業務に加え、ターゲット候補者のペルソナ定義・採用チャネルの決定・広告費の最適化などの戦略全般、また、リファラル採用の促進・仕組み化や潜在層向けイベントの企画立案など、採用戦略における高度な判断が必要になる上流部分をメインミッションとします。

募集や選考などを担う採用担当者たちが、より迅速かつ簡単に仕事を遂行できるよう、質の高い応募者を創出することが主業務ですが、カバーする業務範囲は企業によって異なります。

例えば、GAFAの一角で有名なAmazonでは、採用マーケターの役割は①ローカル戦略、②チャネル戦略、③候補者体験の3つであると定義しています。

①ローカル戦略

マーケティングの知識を活用して、(国や地域の)ローカル市場に合わせたポジショニングを明確にした価値を提案する。

②チャネル戦略

データに基づき、各募集チャネルの有効性を評価し、ビジネス要件に基づき優先順位を立てる。目標を達成するうえでマーケティングノウハウを用いて最適な施策を考え、実行する。

③候補者体験

自らがエヴァンジェリスト（採用のトレンドやノウハウを社内に伝える存在）になり、その市場、職種におけるカスタマー・ジャーニーを考え、改善する。

これらに付随して、従業員を動機付けすることで、その先の潜在候補者にストーリーを届けるリファラル採用も、採用マーケターのメインミッションになります。ここまでの解説からでもわかるとおり、採用マーケターには高度なスキルが求められているのです。

リクルーターより15％市場価値が高い採用マーケター

205ページで触れたEVP（従業員価値提案）を考えるうえでは、ブランディングのスキルや戦略思考が必要です。

ストーリーに落とし込むうえでは、コンテンツとコミュニケーションのスキルが必要であり、ブランドをより広げていくうえではソーシャルメディアマーケティングの知識が、それぞれの採用チャネルからのCVR（コンバージョンレート）を最適化するうえではデジタルマーケティングの知見が必要になります。

このように、採用マーケターにはより専門的なスキルが求められますが、当然それ相応に市場における人材の希少性も高くなります。

米国における採用マーケターは、通常のリクルーターより15％年収が高く、マネジャークラスになると通常の採用マネジャーより40％高い報酬を得ているというデータもあります。

今後、日本を含め人材獲得競争が繰り広げられるなかで、その存在価値はますます高まってゆくでしょう。

高い専門性が必要であるという話を耳にすると、「果たして自分が採用マーケターになれるのだろうか？」と不安になる方もいるかもしれません。しかし、安心してください。海外の調査によると、採用マーケターの50％は採用関連の業務に従事している方が担っているのです。

本書を読んでいただいた方は採用マーケターとしての最初の登竜門を超えたといっても過言ではありません。リファラル採用は経営と社員を巻き込み、その先の候補者にストーリーを届けていく手法であり、「戦わない採用」を実現するという、最も高度なマーケティング力が必要になるプロジェクトなのです。

少子高齢化による人口減少、老朽化したＩＴシステムとＤＸ化の推進、コロナ禍による生活スタイルの変化、女性の社会進出やＳＤＧｓなど、日本社会全体の変革が余儀なくされている昨今、コミュニケーションのあり方は日々複雑性を増しています。

特に、この国の産業を支える「人的資本」にまつわるコミュニケーションの難しさは多くの企業が頭を抱えている問題でしょう。

私は、日本の競争力を高めるうえでは、入口となる採用活動をマーケティングに変革することが何より重要だと考えています。マーケティングとは、その企業やサービス、個人の「オリジナルを引き出す」ということ。

社会変化が激しく、世界の中で人材獲得競争が激化する昨今、日本の採用活動をマーケティング活動に変革する時代は、すでに始まっているのです。

おわりに

戦わない採用の先にあるものは

Talent knows talent.

戦わない採用の先にあるものは

誰も戦いたくないのに、戦っている……。

競合他社や他の求職者と戦い、市場と戦い、時間と戦い、費用と戦い、場合によっては社内とも戦い。

これで企業も個人も幸せになれるでしょうか？

テクノロジーが広がる以前、マス広告が絶対的地位を占めていた時代、企業の採用活動は「社格や相対的な人気ランキング」が何よりも重要でした。

「就職人気企業ランキング」「転職優良企業ランキング」――このような見せかけのいいだけの企画広告は残念ながら今も目にします。

求人広告では一般的な条件のみを打ち出して「見せかけ」の魅力を訴求し、個人もまた一般的な人材としてふるまうおうとしていました。

〝個人の求職活動は表層的な学歴・経歴や物差しが重要で、能力の弱みにだけ向き合うことで、均質的な人材がこの国に増えていく――。

私には、このような現状が、個人と企業がお互いアピール合戦をして意味のない戦いを繰り広げているように見えるのです。

これらの戦いをなくし、採用に関わる人すべてのポテンシャル（潜在的な可能性）を解放すること。

これが、「戦わない採用」が目指すものです。

人と組織のポテンシャルを解放する社会へ

私たちTalentXは、人、組織のポテンシャルを信じています。

あらゆる人には、自分固有の強みややりがいを発揮できる環境があり、あらゆる企業には自社固有の強みや働く魅力が存在する。

人や会社の「らしさ」を見つめなおし、それぞれにしかない魅力に気付いた時、本来巡り合えなかった本質的なマッチングが生まれ、自分たちの介在価値、やりがいを感じられるようになる。

企業は、求人票できらびやかに取り繕うのではなく、自社固有の強みをマーケティングし、絶対的な魅力を伝えていく。採用力を外部に依存するのではなく、知恵を駆使してタレントを惹きつける術を自ら考える。

「大企業」だけでなく「中小企業」にも、「広告業界」だけでなく「外食業界」にも、「営業職」のみでなく、居酒屋で働く「アルバイト職」にも、そこにしかないオリジナルな魅力があるはずです。

個人は職務経歴書で自分をきらびやかに取り繕うのではなく、自身固有の強みややりがいに目を向け、介在価値を発揮できる環境でチャレンジする。

学歴、転職回数、家柄などきれいな経歴がなくとも、自分にしかないオリジナルな魅力があるはずです。

そうすると、人々は〝つながり〟によりリアルな情報を求め、雇用が流動化することで、企業と個人のマッチングから「見せかけ」が消えていくでしょう。

戦うのではなく、変わること。
戦わずして、全員が理想的なマッチングを果たすこと。

人や組織が「らしさ」に向き合い、それぞれの「オリジナルな魅力」で勝負する時代が来ています。

人と組織のポテンシャルを解放する社会の創造。
私たちが目指しているこの挑戦はまだ始まったばかりです。

最後に『戦わない採用』のサポーターの皆さまへ

この書籍が完成するまでには、多くの人の協力がありました。

編集を担当いただいた早瀬隆春さん、私のつたない文章を素敵な文字にしていただいたライターの佐藤智さん、書籍のプロモーションやデザインにアドバイスをいただいた社外のサポーターの皆さま、本当にありがとうございました。

皆さまの手厚いご支援もあり、デザイン・図版と悔いのないものを仕上げることができました。

事例掲載を快く許諾くださった、富士通株式会社様、博報堂DYグループ様、株式会社モストアカンパニー様、株式会社USEN-NEXT HOLDINGS様、株式会社岐阜タンメンBBC様、株式会社日比谷花壇様、住友ファーマ株式会社様、トヨタ自動車株式会社様、その他、弊社のサービスを利用し、日々事例を生み出し続けてくれているユーザーの皆さま、この場を借りて感謝を申し上げます。

また、日々顧客やマーケットに向き合い事例を生み出し続けてくれている弊社TalentXの皆、本プロジェクトに社内メンバーとして関与してくれた広報PRチームの皆、いつもありがとう。皆のおかげで最後まで書き遂げることができました。

最後に、この本を読んでくださった読者の皆さま。

自社の採用を変革する意欲を持ち、『戦わない採用』に共感いただいた皆さまも、サポーターの一員です。

ぜひ、この本の内容を実践いただき、自社採用の変革に踏み出してください。

『戦わない採用』を実践するのは他でもない皆さまです。

本書が、皆さまの会社の「人と組織のポテンシャルを解放する」きっかけになることを、心から祈っています。

・「委託」していると判断した場合、報酬設計の有無・内容により「厚生労働省、厚生労働大臣、労働局」等、法律が定める関係先へ届け出が必要。

こちらも、大手企業の場合論点に上がることも多い項目ですので、法務部門や顧問弁護士、社会保険労務士等の専門家、行政とも相談のうえ検討を進める必要があるでしょう。

※本資料の作成に関しては慎重を期しておりますが、著者やその関係者は、本資料の網羅性、厳密性、有用性や何らかの結果を保証するものではありません。本資料は、リファラル採用に関する情報提供の目的でのみ作成されており、法的助言、推奨等を目的とするものではございません。本資料の利用及び有用性等につきましては、専門家の助言の下で、読者様ご自身の責任にてご判断いただきますようお願い申しあげます。

リファラル採用の会食制度における留意事項

大手企業が会食制度を設ける際に、労働組合から、会食に対して「これは業務時間外に会社から仕事を強制させていることではないか」という指摘を受けることもあり得ます。


その場合には、業務活動と非業務活動を明確化して、位置づけを示すことが重要です。

「リファラル採用制度への協力を業務として依頼するか、非業務とするか」に着目をして、各社で設計するとよいでしょう。

下記に、それぞれのケースにおける参考情報を記載します。

■業務とする場合
・採用活動を行った場合の残業代の支給有無
・採用活動を休日に実施した場合の代休の申請
・採用活動に伴う、会食費の補助の支給
・活動実態の把握方法
・業務として実施する場合、引き抜き行為に該当しないか

■非業務とする場合
・非業務の場合「任意」の活動ではあるが、従業員に対して協力依頼をしている構図になるため、企業側の社会保険労務士等の見解によっては、従業員に対して採用活動・募集を「委託」しているという判断となり、下記対応の検討が必要になる。

職安法を順守するうえでの運用例

これらを踏まえ、以下に職安法を遵守するための3つのポイントと具体的なリスク対策の一例をご紹介します。

Point ①
リファラル採用における自社紹介者へのインセンティブ制度は、リファラル採用業務に対する対価としての賃金等に該当するものであること
→賃金等として支払う定めを就業規則等に規定

Point ②
自社紹介者の本業で得る賃金に比して高額になりすぎないこと
→一人に対する年度内の支給上限を設定（例えば1人あたり○万円まで）

Point ③
自社紹介者を紹介後の雇用関係成立や採用決定のプロセスに関与させないこと（＝採用決定権のある社員を適用対象に含めない）
→実質的な採用決裁を行っている上級管理職メンバーを一律、適用対象外とする

これらの法令上の留意事項や細かい運用方法は、各社の具体的な状況に即して分析すべきものですので、法務部門や顧問弁護士、社会保険労務士等の専門家、行政とも相談のうえ検討を進める必要があるでしょう。

インセンティブ制度設計で気を付ける３つのポイント（法的観点）

①職安法第30条（有料職業紹介事業の許可）	有料の職業紹介事業を行おうとする者は、厚生労働大臣の許可を受けなければならない。
②職安法第36条（委託募集）	労働者を雇用しようとする者が、その被用者以外の者をして報酬を与えて労働者の募集に従事させようとするときは、厚生労働大臣の許可を受けなければならない。
②職安法第40条（報酬の供与の禁）	労働者の募集を行う者は、その被用者で当該労働者の募集に従事するもの又は募集受託者に対し、**賃金、給料その他これらに準ずるものを支払う場合又は第36条第2項の認可に係る報酬を与える場合を除き、**報酬を与えてはならない。
③労基法第11条	この法律で賃金とは、賃金、給料、手当、賞与その他名称の如何を問わず、労働の対償として使用者が労働者に支払うすべてのものをいう。

↓

考え方

・自社紹介者（リファラル採用における知人を紹介した自社従業員）に支払われるものが労基法第11条にいう賃金等に該当すれば、職安法第40条の抵触の問題となりづらい。

▶就業規則等によって制度を定めて、賃金等として支払うことが重要

・立法経緯等に照らし、自社紹介者が本業より募集業務に注力し高額の対価を得る事態は好ましくない。

・自社紹介者が「あっせん」に該当する行為を行うと、職安法第30条(有料職業紹介事業の許可)に抵触しうるため、情報共有行為にとどめ、紹介後のプロセスに関わらせないことが必要になる。

▶制度として対価が高額とならない設計と、自社紹介者が情報共有行為のみを行い、応募後のプロセスに関わらせない設計が重要

給料その他これらに準ずるもの」に該当しない場合、職安法第40条への抵触が問題となります。

そのため、就業規則等の社内規程に、「リファラル採用を活用した従業員へのインセンティブ」が、賃金、給料その他これらに準ずるものであることを明記しておくと、より安心した運営ができるようになるでしょう。

加えて留意すべき点は、「制度として自社紹介者への対価が高額とならない設計と、自社紹介者が情報提供のみを行い、応募後のプロセスに関わらせない設計」です。

自社紹介者が本業より募集業務に注力し、本業で得る賃金に比して不相当に高額の賃金を得る事態は、自社紹介者の立ち回り方によっては、自社紹介者が「業」として職業紹介を行う実態を有するものと解釈されかねません。職安法第30条（有料職業紹介事業の許可）への抵触が問題となる可能性があるため好ましくないことと、自社紹介者が求人者と求職者との間における雇用関係成立の「あっせん」に該当する行為を行うと、職安法第30条（有料職業紹介事業の許可）等に抵触する可能性があります。そのため、自社紹介者から知人へのアクションとしては、自社サイトなどの情報共有行為に留め、応募後の雇用関係成立や採用決定のプロセスに関わらせない方が慎重といえます。

紹介インセンティブを設計するうえでの留意事項

インセンティブ制度設計の留意点として、就業規則等の規程にリファラル採用のインセンティブを支給する旨を明記することが挙げられます。

リファラル採用のインセンティブに関連する法律

日本においては、有料の職業紹介事業を行う場合、厚生労働大臣の許可が必要になります（職業安定法（以下「職安法」という）30条）。また、労働者を雇用しようとする者が、その被用者以外の者をして報酬を与えて労働者の募集業務に従事させる場合も、厚生労働大臣の許可を受ける必要があり（職安法第36条第1項/委託募集）、その報酬の額については、あらかじめ、厚生労働大臣の認可を受けなければなりません（同条第2項）。

一方で、職安法第40条によると、労働者の募集を行う者は、その被用者で当該労働者の募集に従事するもの又は募集受託者に対し、「賃金、給料その他これらに準ずるものを支払う場合又は第36条第2項の認可に係る報酬を与える場合を除き、報酬を与えてはならない。」とされています。

なお、労働基準法（以下「労基法」という）第11条によると、「この法律で賃金とは、賃金、給料、手当、賞与その他名称の如何を問わず、労働の対償として使用者が労働者に支払うすべてのものをいう。」という条文が確認できます。

自社紹介者（リファラル採用における知人を紹介した自社従業員）に支払われるインセンティブが職安法第40条記載の「賃金、

巻末付録

リファラル採用の法的な留意事項

〈参考文献〉
「国民経済計算（GDP 統計）」内閣府　https://www.esri.cao.go.jp/jp/sna/menu.html
「人的資本経営」経済産業省
https://www.meti.go.jp/policy/economy/jinteki_shihon/index.html
「労働力調査（基本集計）」総務省統計局
https://www.stat.go.jp/data/roudou/2.html#ft_title
「情報流通センサス」総務省
https://www.soumu.go.jp/johotsusintokei/link/link03_02.html
「Hire: Channels that Influence（2012）」CareerXroads
「Brown Bag Lunch Webinar REFERRAL Practices（2012）」CareerXroads
「Why the Millions We Spend on Employee Engagement Buy Us So Little」Harvard Business Review（2017年3月10日）
https://hbr.org/2017/03/why-the-millions-we-spend-on-employee-engagement-buy-us-so-little
「The War for Talent」Ed Michaels, Helen Handfield-Jones, Beth Axelrod（2001年）
「リファラル採用の海外学術研究レポート『Global Academic Review for ERP』」リファラル採用研究所（2022年11月23日）
https://i-myrefer.jp/media/resource/resource_176/
「日本の人材市場における リファラル採用に関する共同研究」リファラル採用研究所（2022年11月23日）　https://i-myrefer.jp/media/resource/resource_191/
「カムバック・アルムナイネットワーク」富士通株式会社　採用 HP
https://fujitsu.recruiting.jp.fujitsu.com/career/application/comeback/#section-tab

〈事例〉
「富士通が3万3千人の全社員に展開してリファラル採用に取り組む理由」TalentX Lab.
https://mytalent.jp/lab/case_fujitsu/
「博報堂ＤＹグループ3社合同、6000人でリファラル採用を開始――DX 人材獲得のため“転職市場で見つからない潜在層”にアプローチ」TalentX Lab.
https://mytalent.jp/lab/case_hakuhodody/
「アルバイト・新卒・中途すべての領域で展開するモスストアカンパニーの“リファモス”」TalentX Lab.
https://mytalent.jp/lab/case_moscom/
「年間43名が入社決定！全国100以上の事業所で展開する USEN-NEXT GROUP のリファラル採用活用術」TalentX Lab.
https://mytalent.jp/lab/case_usen-nextgroup/
「離職率2.5%・アルバイト採用のリファラル比率50% 超――仲間を大切にし、仲間を称え、仲間を集める岐阜タンメン BBC のリファラル採用と正社員登用の仕組み」TalentX Lab.
https://mytalent.jp/lab/case_gifu-tanmen/
「21卒内定者の20%が20卒内定者からの紹介！日比谷花壇の「内定者リファラル」の魅力とは」TalentX Lab.　https://mytalent.jp/lab/case_hibiyakadan/
「新卒理系リファラル採用エピソード――紹介者・応募者の自主性を尊重し、満足感の高い就職活動を【住友ファーマ】」TalentX Lab.
https://mytalent.jp/lab/article_dainipponsumitomoseiyaku/
「トヨタがリファラル採用を推進する理由と今後の展望――採用や職場の変革が、会社の変革のスタートである」TalentX Lab.　https://mytalent.jp/lab/case_toyota/
「Japan Referral Recruiting Award 2021」
https://talentx.co.jp/service/referralaward2021
「Japan Referral Recruiting Award 2022」
https://talentx.co.jp/service/referralaward2022

〈著者紹介〉

鈴木　貴史（すずき・たかふみ）

起業家。株式会社 TalentX（旧株式会社 MyRefer）代表取締役 CEO
1988年和歌山県生まれ。

2012年に株式会社インテリジェンス（現パーソルキャリア）に新卒入社。同社の法人営業として企業のキャリア採用を支援した後、HRTech 新規事業開発に従事。2015年、当時歴代最年少で１億円の内部資金調達とともにコーポレートベンチャーとして「MyRefer」を創業。リファラル採用の概念を提唱し、日本初のリファラル採用活性化プラットフォーム MyRefer をリリース。10ヶ月で黒字化を実現の後、MBO により独立。

2018年、株式会社 MyRefer を設立し、代表取締役 CEO に就任。

2019年、経済産業省後援「第4回 HR テクノロジー大賞」採用部門賞、日本の人事部「HR Award2019」を受賞。2021年、東洋経済「すごいベンチャー 100」に選出。

2022年、国内初の採用 MA サービス「MyTalent」をリリース。採用マーケティングプラットフォーム「My シリーズ」として全国800社の企業、70万人の社員ユーザーが利用するサービスに。

2023年、「TalentX」に社名変更し、日本企業の採用活動を変革するチャレンジをしている。

人材獲得競争時代の
戦わない採用
「リファラル採用」のすべて

2023 年 3 月 30 日　初版第 1 刷発行

著　者——鈴木 貴史　© 2023 Takafumi Suzuki
発行者——張 士洛
発行所——日本能率協会マネジメントセンター
〒 103-6009 東京都中央区日本橋 2-7-1 東京日本橋タワー
TEL 03(6362)4339(編集)／03(6362)4558(販売)
FAX 03(3272)8128(編集)／03(3272)8127(販売)
https://www.jmam.co.jp/

編集協力——佐藤 智
装丁——山之口 正和（OKIKATA）
本文 DTP——株式会社 RUHIA
印刷所——シナノ書籍印刷株式会社
製本所——株式会社新寿堂

本書の内容の一部または全部を無断で複写複製（コピー）することは、法律で認められた場合を除き、著作者および出版者の権利の侵害となりますので、あらかじめ小社あて許諾を求めてください。

ISBN 978-4-8005-9088-6　C2034
落丁・乱丁はおとりかえします。
PRINTED IN JAPAN